미래진로 교육시리즈 2

청소년의 진로설계역량을 강화하기 위한

중학생용
진로워크북

전남대학교 교육문제연구소 지음

박영story

서문 및 발간사

　사회변화가 빠르게 진행되면서 미래의 진로와 직업 세계 역시 하루가 다르게 변화하고 있습니다. 이런 사회환경의 변화 속도로 인하여 이에 대처하기 위한 청소년들의 진로교육은 더욱 중요해지고 있습니다. 그런데 진로교육은 지식을 학습하는 것만으로 완성될 수 없습니다. 새로운 지식이나 기술의 습득도 중요하지만 자신의 적성을 발휘할 수 있는 동기나 태도 역시 진로개발을 위한 중요한 요인이기 때문입니다. 지식, 기술, 동기, 태도 등을 포함한 다양한 측면을 골고루 이해하고 있어야 자신의 진로를 설계하고 개발하는 힘이 길러질 수 있습니다. 이런 힘을 바탕으로 청소년들은 자신의 진로를 개척하는 과정에서 나타나는 문제상황을 해결할 수 있을 것입니다. 이와 같이 문제를 이해하고 해결할 수 있는 문제해결 능력을 역량이라고 합니다.

　역량은 단편적인 지식이나 기술이라기보다는 자신의 인지, 정서, 가치, 동기 등의 요인을 모두 포괄하는 개인의 문제해결 능력이라고 볼 수 있습니다. 진로영역과 같이 미래상황에 대처하기 위해서 복잡한 문제해결이 필요한 경우에 개인의 역량은 더욱 중요해집니다. 따라서 진로교육을 할 때도 역량중심의 접근을 하게 되는 것 같습니다. 이번에 출간하는 진로워크북은 이런 취지에 맞춰 진로역량 증진에 적합한 활동을 꾸몄습니다. 중고등학교 진로 수업에서 학습자료로 활용될 수 있도록 활동을 설계했습니다. 진로적성 개발을 위해서 역량 중심의 활동을 개발했으며, 진로와 직업 교과서의 단원에 맞춰 활용할 수 있도록 했습니다. 진로와 직업 교과서의 각 단원에 맞추어 개발되어 있고, 교과목 운영 시 필요부분을 선택적으로 활용할 수 있도록 탄력적으로 설계되어 있습니다. 현장학교의 진로진학상담 선생님들께서 수업 설계 및 운영 시 도움이 될 수 있는 워크북이 되었으면 합니다.

　이번 워크북을 출간하는 과정에서 애써준 전남대학교 교육문제연구소의 전임연구원 박사님들과 연구소 연구보조원분들께 고마움을 전하고 싶습니다. 워크북 내용을 검토해주신 전남대 교육학과 이지혜 교수를 비롯하여 동료교수님들께도 감사의 말씀을 전합니다. 아울러 편집과정에서 정말 많은 노력을 해주신 박영사 김다혜 선생님을 비롯한 편집팀 여러분께 감사의 말씀을 드립니다.

2021년은 코로나 팬데믹 이후 뉴노멀 시대로 가는 진입점이라고 생각합니다. 시대가 바뀌고 세계가 변화하고 있습니다. 이런 급변하는 사회에서 직업은 변화하고 요구하는 인재상도 급변합니다. 이러한 시대를 살아갈 우리 학생들을 교육하는 것은 현장교사, 학부모뿐만 아니라 교육청, 대학 모두의 노력이 필요하다고 생각합니다. 전남대학교 교육문제연구소는 청소년을 위한 진로교육의 방향에 대해 고민하고, 교육공동체의 일원으로서 대학의 역할에 대해 고민하고 실천하는 교육기관이 될 수 있도록 역할을 다하고자 합니다.

전남대학교 교육문제연구소장 류지헌 드림

목 차
CONTENTS

III. 진로의 탐색

IV. 진로의사결정 및 계획

진로설계역량은 진로를 합리적인 방식으로 결정하고 계획하여 효과적으로 실천해 나가는데 필요한 역량이다.
이 워크북의 목차 구성은 진로설계역량을 구성하는 네 가지 역량인 '자기이해', '직업이해', '진로탐색', '진로계획'을
반영하는 순서로 이루어져 있다.

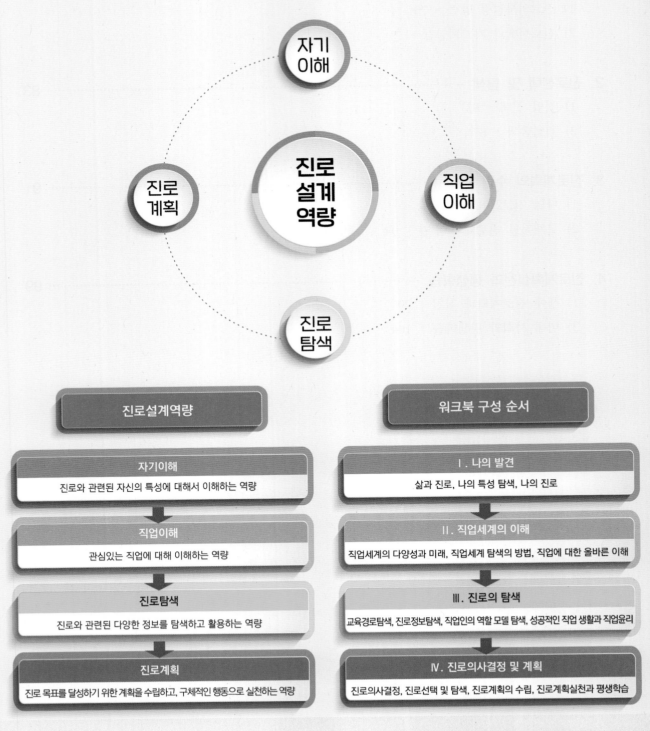

참고자료 : 커리어넷 진로개발역량 검사

진로준비역량은 자신의 진로를 효과적으로 준비하고 관리하는데 필요한 역량이다. 이 워크북의 활동 내용들은 진로준비역량의 세부역량인 낙관성, 지속성, 호기심, 유연성, 도전성, 의사소통 역량을 함양하는데 초점을 맞추고 있다.

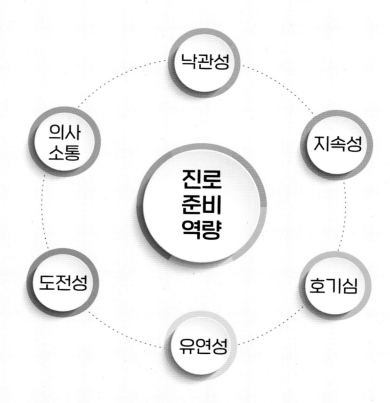

낙관성	• 자신의 미래와 진로에 대해서 긍정적인 관점을 유지하는 역량
지속성	• 진로를 준비하는 과정에서 실패나 좌절에도 불구하고 노력을 지속해가는 역량
호기심	• 미래와 직업세계에 대해 관심을 갖고, 새로운 기회를 지속적으로 탐색하는 역량
유연성	• 불확실한 상황에서 자신의 태도와 행동을 적응적으로 변화시키는 역량
도전성	• 결과가 분명하지 않은 상황에서도 계획을 행동으로 옮기는 역량
의사소통	• 다른 사람을 이해하고, 자신의 의사를 효과적으로 전달하여, 타인과 협력하는 역량

참고자료 : 커리어넷 진로개발역량 검사

I

나의 발견

청소년의 진로설계역량을 강화하기 위한 중학생용 진로워크북

중학교 진로역량 강화를 위한 기본수업활동 1-1-1

I. 나의 발견 - 1. 삶과 진로 - 1) 나의 삶과 진로

학습단원	대단원	I. 나의 발견	중단원	1. 삶과 진로	소단원	1) 나의 삶과 진로

수업구성	교과서 페이지	9 – 15	활동방법	모둠/토론활동
	시간(분)	50분	평가방법	모둠별 발표하기

학습목표	1. 나의 삶에서 진로의 의미를 설명할 수 있다. 2. 나의 진로에서 직업의 의미와 역할을 설명할 수 있다.
교과연계성	이 활동은 학생들에게 진로의 의미를 생각해 보게 하고 즐거운 삶과 자신의 단기적인 꿈에 대해 자신의 의견을 말할 수 있다.

진로 역량	대영역	중영역	하위영역	세부내용
	진로관리	진로설계	진로계획	진로목표를 이루기 위한 실천 계획을 가지고 있는 상태

활동목표	1. 자신이 생각하는 일상생활 속에서 즐거움의 의미와 의견에 대해 말할 수 있다. 2. 이번 학기가 끝나기 전에 이루고 싶은 꿈에 대해 말할 수 있다.
성취기준	1. 삶과 진로의 의미에 대해 이해하고, 즐겁고 의미있는 삶과 이번 학기 자신의 포부에 대해 말할 수 있다.
세부 활동내용	[활동지1] 내가 바라보는 나의 모습 1. 나의 일상생활 속에서 즐거웠던 순간을 표현해 보자. 　예) 나는 ＿＿＿＿＿할 때, 매우 즐겁다. 2. 다음 글(귀감이 될만한 사례를 제시)을 읽고, 이번 학기에 이루고 싶은 꿈이나 포부를 작성해 보자.
교사역할	1. 수업 소개 2. 활동 소개 3. 활동 참여 방법 소개 4. 결과물 공유하기 안내 5. 평가 방법 설명하기
학생역할	1. 해당 수업 소개를 잘 듣고 수업 목표 숙지하기 2. 활동 소개를 잘 듣고 활동목표와 성취기준에 대해 이해하기 3. 활동 참여 방법을 잘 이해하고 적극적인 참여 태도를 갖기 4. 결과물을 동료학습자와 공유하는 방법을 이해하고 준비하기 5. 평가 방법을 이해하고 학습목표에 도달하였는지 점검하기

중학교 진로역량 강화를 위한 기본수업활동 1-1-2

Ⅰ. 나의 발견 - 1. 삶과 진로 - 2) 직업의 의미와 역할

학습단원	대단원	Ⅰ. 나의 발견	중단원	1. 삶과 진로	소단원	2) 직업의 의미와 역할

수업구성	교과서 페이지	16 - 21	활동방법	모둠/토론활동
	시간(분)	50분	평가방법	모둠별 발표하기

학습목표	1. 나의 삶에서 진로의 의미를 설명할 수 있다. 2. 나의 진로에서 직업의 의미와 역할을 설명할 수 있다.

교과연계성	이 활동은 학생들이 본격적인 진로직업탐색 전 자신의 직업흥미와 적성을 이해할 수 있도록 한다.

진로 역량	대영역	중영역	하위영역	세부내용
	진로관리	진로설계	진로준비	진로를 이루는 데 필요한 실제적인 준비 노력을 하고 있는 상태

활동목표	1. 직업 검사 사이트를 이용하여 직접 자신의 흥미와 적성을 탐색할 수 있다.

성취기준	1. 다양한 방법으로 자신의 직업 흥미와 적성을 탐색하여 앞으로의 진로계획 수립의 토대를 마련할 수 있다.

세부 활동내용	[활동지1] 1. 직업적성검사 사이트를 이용하여 나의 직업적성을 탐색해 보자. 예) 커리어넷 방문 → 각종 검사 수행 → 진로심리검사 → 직업적성검사 2. 검사 결과를 정리하여 발표해 보자.

교사역할	1. 수업 소개 2. 활동 소개 3. 활동 참여 방법 소개 4. 결과물 공유하기 안내 5. 평가 방법 설명하기

학생역할	1. 해당 수업 소개를 잘 듣고 수업 목표 숙지하기 2. 활동 소개를 잘 듣고 활동목표와 성취기준에 대해 이해하기 3. 활동 참여 방법을 잘 이해하고 적극적인 참여 태도를 갖기 4. 결과물을 동료학습자와 공유하는 방법을 이해하고 준비하기 5. 평가 방법을 이해하고 학습목표에 도달하였는지 점검하기

시간	세부 주제	활동1 이해하기 - 학습목표	학습자료
20분	내가 바라본 나의 모습	–자기이해 활동을 통해 나를 더 정확하게 이해할 수 있다.	–활동지1

◆ 다음 영상을 보고 행복의 의미에 대해서 생각해 보자. 나에게 행복이란 어떤 의미인지 말해 보자.

출처: https://www.youtube.com/watch?v=ikLpR0HRQQc

◆ 내가 생각하는 가장 행복했던 순간을 말해 보자.

가장 행복했던 순간	설명
나는 _____ 할 때 가장 행복하다.	
나는 _____ 할 때 가장 행복하다.	
나는 _____ 할 때 가장 행복하다.	
나는 _____ 할 때 가장 행복하다.	
나는 _____ 할 때 가장 행복하다.	

시간	세부 주제	활동2 토의하기 - 학습목표	학습자료
35분	나의 소망	−자신이 한 학기 동안 이루고 싶은 소망을 말해 보고 실천계획을 세울 수 있다.	−활동지2

◆ **다음 글을 읽고 자신이 올해에 이루고 싶은 소망 3가지 쓰고 설명해 보자.**

김연아 선수로부터 배우는 6가지 성공 노하우

성공한 스포츠 선수는 많다.

그러나 김연아 선수처럼 비인기종목인 피겨 스케이팅 분야에서 전국적인 열풍을 이끌어낸 선수는 흔치 않으리라. 우리는 흔히 성공한 사람들의 성공한 모습만을 보고 감탄을 금치 못하지만 좋은 선수가 되기 위해 그들이 흘린 땀과 노력과 눈물은 간과하는 경우가 많다. 이제는 현역에서 은퇴했지만 김연아 선수의 성공전략을 통해 배움을 얻을 수 있을 것 같아서 그녀의 성공전략을 6가지로 정리해봤다. 1) 철저한 자기관리, 2) 충실한 기본기, 3) 인내력, 고통 없인 얻는 것도 없다!, 4) 선택과 집중, 5) 가족의 든든한 지지와 후원, 6) 타인을 생각하는 마음

출처: 도서 〈청춘의 진로나침반〉 중에서, 재인용 https://careernote.co.kr/2464 [정철상의 커리어노트]에서.

김연아의 꿈	왜 이런 꿈을 꾸게 되었나요?	어려움은 무엇이었나요?	어떻게 극복하였나요?

◆ **자신이 이루고 싶은 소망을 적어 보자.**

이루고 싶은 소망	
왜 이런 소망을 가지게 되었나요?	
이런 소망을 성취하는 데에 장애물은 무엇인가요?	
이러한 장애물을 극복하는 방법은 무엇일까요?	

시간	세부 주제	활동3 협력하기 - 학습목표	학습자료
30분	나의 직업적성	− 직업적성검사를 통해 나의 직업적성에 대해 탐색하고 관련 직업에 대해 말할 수 있다.	− 활동지3

◆ 나의 직업적성을 알아보기 위해 직업적성검사 사이트인 커리어넷의 직업적성검사를 이용하여 나의 직업적성을 탐색해 보자.

1. 커리어넷 직업적성 하위요인

하위요인	내용
신체 · 운동능력	기초체력을 바탕으로 몸을 움직이고 동작을 학습할 수 있는 능력
손재능	손으로 정교한 작업을 할 수 있는 능력
공간지각능력	머릿속으로 입체적인 물체의 위치나 모습을 상상하여 떠올릴 수 있는 능력
음악능력	노래 부르고, 악기를 연주하며, 감상할 수 있는 능력
창의력	새롭고 독특한 방식으로 문제를 해결하고, 아이디어를 내는 능력
언어능력	말과 글로써 자신의 생각과 감정을 표현하며, 다른 사람의 말과 글을 잘 이해할 수 있는 능력
수리 · 논리력	논리적으로 사고하여 문제를 해결하는 능력
자기성찰능력	자신을 돌아보고, 생각과 감정을 조절하며, 자신에게 주어진 여러 자원을 관리하는 능력
대인관계능력	조직 속에서 구성원들과 협조적이며 원만한 관계를 유지하는 능력
자연 친화력	인간과 자연이 서로 연관되어 있음을 이해하며, 자연에 대하여 관심을 가지고 탐구 · 보호할 수 있는 능력
예술시각능력	선, 색, 공간, 영상 등에 민감하게 반응하고 조화롭게 재구성할 수 있는 능력

2. 자신의 커리어넷 직업적성검사 결과를 정리해 보자.

높은 직업적성 요인	이러한 높은 직업적성 요인이 나온 이유/근거	추천 직업	자신의 관심 직업 (설명)

시간	세부 주제	활동4 문제해결하기 - 학습목표	학습자료
20분	디지털 앱으로 나를 표현하기	－ 디지털 앱을 활용하여 나를 표현할 수 있는 창작물을 만들 수 있다.	－ 활동지4

◆ 미리캔버스를 이용하여 나를 표현하는 디자인 활동을 해보고, 상대방과 공유해 보자.

미리캔버스는 누구나 쉽고 빠르게 디자인을 할 수 있는 이미지 제작 사이트입니다. 다양한 형식의 템플릿과 직관적인 편집 도구를 제공해 주기 때문에 누구나 디자이너처럼 훌륭한 결과물을 만들어 낼 수 있습니다.

📷 미디어 자료

> **활동1 이해하기**
>
> https://www.youtube.com/watch?v=jkLpR0HRQQc
>
> **활동2 토의하기**
>
> 도서 <청춘의 진로나침반> 중에서, 재인용 https://careernote.co.kr/2464 [정철상의 커리어노트]에서.

중학교 진로역량 강화를 위한 기본수업활동 1-2-1

I. 나의 발견 - 2. 나의 특성 탐색 - 1) 나의 이해

학습단원	대단원	I. 나의 발견	중단원	2. 나의 특성 탐색	소단원	1) 나의 이해

수업구성	교과서 페이지	22 – 27	활동방법	모둠/토론활동
	시간(분)	50분	평가방법	모둠별 발표하기

학습목표	1. 나를 이해하는 것의 중요성을 설명할 수 있다. 2. 나의 흥미, 적성, 가치관, 성격을 파악할 수 있다. 3. 사회적 환경에서 나타나는 나의 특성을 설명할 수 있다.
교과연계성	이 활동은 학생들이 자기 자신을 높이고 소중하게 여기는 생각과 마음을 갖도록 도와주며, 학습과 진로탐색이 시작되는 시기에 올바른 자아정체감 형성에 도움을 줄 수 있다.

진로 역량	대영역	중영역	하위영역	세부내용
	진로관리	진로설계	진로의사 결정능력	진로를 결정하는 데 다양한 정보를 수집하고 비교하여 결정하는 능력

활동목표	1. 부모님, 형제, 선생님, 친구들, 주변 사람들과 관계에 대해 표현할 수 있다. 2. 나의 존재에 대해 생각해 보고, 시로 표현할 수 있다.
성취기준	1. 자신이 가족, 선생님, 친구들에게 자신이 소중한 존재임을 인식하게 할 수 있다.
세부 활동내용	[활동지1] 1. 자신이 바라보는 나의 모습과 남이 바라보는 나의 모습에 대해 작성해 보자. 2. '나는 소중한 존재'라는 주제를 가지고 자신을 표현하는 시를 지어 보자.
교사역할	1. 수업 소개 2. 활동 소개 3. 활동 참여 방법 소개 4. 결과물 공유하기 안내 5. 평가 방법 설명하기
학생역할	1. 해당 수업 소개를 잘 듣고 수업 목표 숙지하기 2. 활동 소개를 잘 듣고 활동목표와 성취기준에 대해 이해하기 3. 활동 참여 방법을 잘 이해하고 적극적인 참여 태도를 갖기 4. 결과물을 동료학습자와 공유하는 방법을 이해하고 준비하기 5. 평가 방법을 이해하고 학습목표에 도달하였는지 점검하기

중학교 진로역량 강화를 위한 기본수업활동 1-2-2

I. 나의 발견 - 2. 나의 특성 탐색 - 2) 나의 특성

학습단원	대단원	I. 나의 발견	중단원	2. 나의 특성 탐색	소단원	2) 나의 특성

수업구성	교과서 페이지	28 - 45	활동방법	모둠/토론활동
	시간(분)	50분	평가방법	모둠별 발표하기

학습목표	1. 나를 이해하는 것의 중요성을 설명할 수 있다. 2. 나의 흥미, 적성, 가치관, 성격을 파악할 수 있다. 3. 사회적 환경에서 나타나는 나의 특성을 설명할 수 있다.

교과연계성	이 활동은 학생들이 자기 자신의 특성과 장단점을 정확히 이해하고 스스로를 존중하는 마음을 갖도록 도와준다.

진로 역량	대영역	중영역	하위영역	세부내용
	진로관리	진로인식	직업의식	사회 진출 후 직업인으로서 바른 태도와 행동을 유지하기 위한 도덕관 및 가치관

활동목표	1. 자신의 특성 및 장단점에 대해 정확하게 파악할 수 있다. 2. 자신의 특성 및 장단점에 대해 긍정적인 생각을 가질 수 있다.

성취기준	1. 자신의 특성이나 장단점 등을 존중할 수 있다.

세부 활동내용	[활동지1] 1. 친구가 말하는 자신의 장점에 대해 듣고 정리해 보자. 2. 자신의 단점을 기술하고 이를 장점으로 바꿀 수 있는 방법에 대해 생각해 보자.

교사역할	1. 수업 소개 2. 활동 소개 3. 활동 참여 방법 소개 4. 결과물 공유하기 안내 5. 평가 방법 설명하기

학생역할	1. 해당 수업 소개를 잘 듣고 수업 목표 숙지하기 2. 활동 소개를 잘 듣고 활동목표와 성취기준에 대해 이해하기 3. 활동 참여 방법을 잘 이해하고 적극적인 참여 태도를 갖기 4. 결과물을 동료학습자와 공유하는 방법을 이해하고 준비하기 5. 평가 방법을 이해하고 학습목표에 도달하였는지 점검하기

중학교 진로역량 강화를 위한 기본수업활동 1-2-3

I. 나의 발견 - 2. 나의 특성 탐색 - 3) 사회적 환경과 나

학습단원	대단원	I. 나의 발견	중단원	2. 나의 특성 탐색	소단원	3) 사회적 환경과 나
수업구성	교과서 페이지	46 – 51		활동방법		모둠/토론활동
	시간(분)	50분		평가방법		모둠별 발표하기

학습목표	1. 나를 이해하는 것의 중요성을 설명할 수 있다. 2. 나의 흥미, 적성, 가치관, 성격을 파악할 수 있다. 3. 사회적 환경에서 나타나는 나의 특성을 설명할 수 있다.
교과연계성	이 활동은 학생들의 사회적 역량개발을 위해 나와 다른 생각과 감정, 문화를 가진 사람을 존중하고 배려하는 태도를 지닐 수 있도록 도와준다.

진로 역량	대영역	중영역	하위영역	세부내용
	진로관리	진로인식	직업세계의 이해	다양한 직업을 알고 직업세계가 변화하고 있음을 이해하는 능력

활동목표	1. 관련 영상을 보고 '다양성'에 대한 자신의 생각을 자유롭게 말할 수 있다. 2. 자신의 경험 중 타인을 배려했던 사례와 자신이 존중받고 있다는 느낌이 들었던 적이 있는지 말할 수 있다.
성취기준	1. 다양성에 대한 자신의 생각과 태도를 되돌아 보고, 배려와 존중의 가치관에 대해 생각해볼 수 있다.
세부 활동내용	[활동지1] 1. 다양성에 대한 영상을 보고 자신의 태도나 의견에 대해 자유롭게 말해 보자. 2. 자신이 타인을 배려했던 경험과 내가 존중받고 있다고 느꼈던 경험에 대해 말해 보자.
교사역할	1. 수업 소개 2. 활동 소개 3. 활동 참여 방법 소개 4. 결과물 공유하기 안내 5. 평가 방법 설명하기
학생역할	1. 해당 수업 소개를 잘 듣고 수업 목표 숙지하기 2. 활동 소개를 잘 듣고 활동목표와 성취기준에 대해 이해하기 3. 활동 참여 방법을 잘 이해하고 적극적인 참여 태도를 갖기 4. 결과물을 동료학습자와 공유하는 방법을 이해하고 준비하기 5. 평가 방법을 이해하고 학습목표에 도달하였는지 점검하기

시간	세부 주제	활동1 이해하기 - 학습목표	학습자료
20분	나의 모습 발견하기	— 내가 바라보는 나의 모습과 상대방이 나를 바라보는 모습을 정리해 보고 나에 대한 이해를 향상시킬 수 있다.	— 활동지1

◆ 보기를 이용하여 내가 나를 바라보는 모습을 작성해 보자.

특성	사례를 통해 설명해 보자.
정직함	예시) 나는 도로를 건널 때 차가 오지 않아도 교통법규를 준수한다.
남의 이야기를 잘 들어줌	
상식이 풍부함	
친구를 쉽게 사귐	
재미있음	
외모	
낙천적임	
책임감이 있음	
협동심	
단정하게 차려입음	
학교를 좋아함	
스포츠를 좋아함	
솔선수범	
다른 사람을 도움	
정돈을 잘함	

◆ 보기를 이용하여 친구가 나를 바라보는 모습을 작성해 보자.

특성	사례를 들어 친구의 특성을 설명해 보자.
정직함	예시: 나의 친구 철수는 친구들과 시간 약속을 매우 잘 지키는 편입니다.
남의 이야기를 잘 들어줌	
상식이 풍부함	
친구를 쉽게 사귐	
재미있음	
외모	
낙천적임	
책임감이 있음	
협동심	
단정하게 차려입음	
학교를 좋아함	
스포츠를 좋아함	
솔선수범	
다른 사람을 도움	
정돈을 잘함	

시간	세부 주제	활동2 토의하기 - 학습목표	학습자료
35분	나에 대한 시작품	- 시를 통해 나를 예술적으로 표현함으로써 나에 대한 이해를 높일 수 있다.	- 활동지2

◆ 나 스스로 '나'라는 존재에 대해서 삼행시를 작성하고 발표해 보자.

예시: 홍길동

홍: 홍익인간의 이념을 지니고 있는 길동,

길: 길이길이 후세에 이름을 남길 길동,

동: 동료들과 함께 늘 즐겁게 지내는 길동.

◆ 윤동주의 자화상을 읽고 나에 대한 감정을 자유롭게 시 형식으로 표현해 보자.

자화상 - 윤동주

산모퉁이를 돌아 논가 외딴 우물을 홀로 찾아가선 가만히 들여다봅니다.

우물 속에는 달이 밝고 구름이 흐르고 하늘이 펼치고 파아란 바람이 불고 가을이 있습니다.

그리고 한 사나이가 있습니다.

어쩐지 그 사나이가 미워져 돌아갑니다.

돌아가다 생각하니 그 사나이가 가엾어집니다. 도로 가 들여다보니 사나이는 그대로 있습니다.

다시 그 사나이가 미워져 돌아갑니다.

돌아가다 생각하니 그 사나이가 그리워집니다.

우물 속에는 달이 밝고 구름이 흐르고 하늘이 펼치고 파아란 바람이 불고 가을이 있고 추억처럼 사나이가 있습니다.

시간	세부 주제	활동3 협력하기 – 학습목표	학습자료
30분	나의 강점과 약점	– 나의 강점과 약점에 대해 정확하게 파악해 보고 강점을 확대하고 약점을 보완할 수 있는 방법을 찾을 수 있다.	– 활동지3

◆ 평소에 나 스스로 생각하는 강점이나 친구가 생각하는 나의 강점을 설명해 보자.

나의 경험	나의 강점
예시) 시험기간이 다가오면 친구들에 나에게 수업 필기노트를 빌려달라고 부탁한다.	꼼꼼함, 시험 준비, 노력
예시) 지난 가을 체육대회에서 우리 반 농구대표로 참가하여 우리 반이 1등 하는 데 기여하였다.	체력, 리더십, 농구 기술, 책임감, 동료애
1.	
2.	
3.	

◆ 내가 생각하는 나의 약점을 기술해 보고, 이러한 약점들을 강점으로 바꿀 수 있는 방법에 대해 표현해 보자.

내가 생각하는 약점	강점으로 바꿀 수 있는 방법
예시) 나는 새로운 친구를 만나고 나서 친해지기까지 오랜 시간이 걸린다.	나는 대인관계에 있어 매우 신중을 기하는 편이고 조심성이 있고 배려하는 편이다.
1.	
2.	
3.	

시간	세부 주제	활동4 문제해결하기 - 학습목표	학습자료
20분	다름에 대한 이해	— 다양성과 포용성에 대한 가치에 대해 이해하고 이러한 가치를 확산할 수 있는 방법에 대해 말할 수 있다.	— 활동지4

◆ '다문화이해교육' 교육동영상시리즈1을 시청해 보자. 영상을 보고 다음 빈칸에 들어갈 말을 채워 보자.

1. 영국의 도시 레스터가 다민족 문화도시로 자리 잡게 된 이유는 지역주민의 [   ], [   ] 다양성을 인지하고 문화정책과 사회통합정책을 실천하였기 때문이다.

2. [   ]의 또 다른 의미, 서로 다른 사람들이 함께 숨 쉬며 서로 도와가며 사는 사회.

3. 이란 사람들과 미국 사람들이 싫어하는 숫자는?

4. 베트남 사람들에게 나쁜 기운을 상징하는 물건은?

5. 문화적 차이를 이해하고 배려할 때 나타나는 [   ]과 [   ], 서로 다른 문화가 함께 공존할 수 있는 첫걸음이다.

6. 한국인(Korean) + 아시아인(Asian)의 합성어: [   ] – 한국인과 아시아인 사이에서 태어난 2세 또는 아시아 이주노동자의 자녀를 일컫는 말

◆ 자신이 다른 사람(생각, 생김새, 태도, 나이, 성별, 문화, 언어 등)을 배려했던 경험과 느낀 점을 이야기해 보자.

◆ 자신이 친구로부터 배려와 존중을 받고 있다고 느꼈던 적을 말해 보자.

中学교 진로역량 강화를 위한 기본수업활동 1-3-1

중학교 진로역량 강화를 위한 기본수업활동 1-3-1

I. 나의 발견 - 3. 나의 진로 - 1) 나의 종합적 이해

학습단원	대단원	I. 나의 발견	중단원	3. 나의 진로	소단원	1) 나의 종합적 이해
수업구성	교과서 페이지	53 - 56		활동방법	모둠/토론활동	
	시간(분)	50분		평가방법	모둠별 발표하기	

학습목표	1. 나의 특성을 종합적으로 설명할 수 있다. 2. 나의 진로 포트폴리오를 만들 수 있다.
교과연계성	이 활동은 학생들이 사회생활에서 의사소통의 중요성을 이해하고 효과적인 의사소통의 방법을 이해하고 활용하는 것을 돕기 위함이다.

진로 역량	대영역	중영역	하위영역	세부내용
	진로관리	진로인식	직업세계의 이해	다양한 직업을 알고 직업세계가 변화하고 있음을 이해하는 능력

활동목표	1. 관련 영상을 보고 공감과 경청을 중요성을 이해할 수 있다. 2. 관련 상황을 친구와 연습해 보면서 열린 마음과 깊은 대화를 할 수 있는 능력을 기를 수 있다.
성취기준	1. 다양한 상황에서 친구와 경청하기, 질문하기, 설득하기를 적절하게 사용하여 의사소통 능력을 향상시킬 수 있다.
세부 활동내용	[활동지1] 1. 관련 영상을 시청하고 친구와 짝을 지어 공감과 경청에 대해 자유롭게 말해 보자. 2. 관련 상황 설명을 잘 읽고, 공감하기, 질문하기, 설득하기 연습을 통해 자신의 의사소통 능력을 점검해 보자.
교사역할	1. 수업 소개 2. 활동 소개 3. 활동 참여 방법 소개 4. 결과물 공유하기 안내 5. 평가 방법 설명하기
학생역할	1. 해당 수업 소개를 잘 듣고 수업 목표 숙지하기 2. 활동 소개를 잘 듣고 활동목표와 성취기준에 대해 이해하기 3. 활동 참여 방법을 잘 이해하고 적극적인 참여 태도를 갖기 4. 결과물을 동료학습자와 공유하는 방법을 이해하고 준비하기 5. 평가 방법을 이해하고 학습목표에 도달하였는지 점검하기

16 · 중학교 진로역량 강화를 위한 기본수업활동 1-3-1

중학교 진로역량 강화를 위한 기본수업활동 1-3-2

I. 나의 발견 - 3. 나의 진로 - 2) 나의 진로 포트폴리오

학습단원	대단원	I. 나의 발견	중단원	3. 나의 진로	소단원	2) 나의 진로 포트폴리오

수업구성	교과서 페이지	53 – 56	활동방법	모둠/토론활동
	시간(분)	50분	평가방법	모둠별 발표하기

학습목표	1. 나의 특성을 종합적으로 설명할 수 있다. 2. 나의 진로 포트폴리오를 만들 수 있다.

교과연계성	이 활동은 학생들이 자신의 흥미, 적성, 성격, 가치관을 종합적으로 이해하고 정리하여 설명해 봄으로써 나에 대한 이해와 진로설계를 도울 수 있다.

진로 역량	대영역	중영역	하위영역	세부내용
	진로관리	진로설계	진로계획	진로목표를 이루기 위한 실천 계획을 가지고 있는 상태

활동목표	1. 자신의 흥미, 적성, 성격, 가치관 등을 종합적으로 탐색하고 그에 맞는 직업에 대해 정리해 보자.

성취기준	1. 자신의 특성을 종합적으로 이해하고 정리하여 설명할 수 있다.

세부 활동내용	[활동지1] 1. 나의 특성을 통해 자신의 관심 직업을 정리해 보자. 예) 내가 희망하는 직업은?, 내가 선택하기 싫은 직업은?, 나의 흥미에 맞는 직업은?, 나의 성격으로 가장 잘 해낼 수 있는 직업은?, 나의 가치관에 맞는 직업은?, 나의 신체적 특징을 고려한다면 가장 적합한 직업은?, 내가 좋아하는 교과에 맞는 직업은?

교사역할	1. 수업 소개 2. 활동 소개 3. 활동 참여 방법 소개 4. 결과물 공유하기 안내 5. 평가 방법 설명하기

학생역할	1. 해당 수업 소개를 잘 듣고 수업 목표 숙지하기 2. 활동 소개를 잘 듣고 활동목표와 성취기준에 대해 이해하기 3. 활동 참여 방법을 잘 이해하고 적극적인 참여 태도를 갖기 4. 결과물을 동료학습자와 공유하는 방법을 이해하고 준비하기 5. 평가 방법을 이해하고 학습목표에 도달하였는지 점검하기

활동 안내서

시간	세부 주제	활동1 이해하기 – 학습목표	학습자료
25분	공감	– 공감능력이 뛰어난 사람들의 습관을 관찰해 보고 배울만한 점을 찾을 수 있다.	– 활동지1

◆ 다음의 영상 <공감능력이 뛰어난 사람들의 5가지 습관>을 시청한 후, 다음 빈칸을 채워 보자. 공감능력이 뛰어난 사람들의 습관을 말해 보자.

---

1. [   ]은 상대방이 무엇을 원하는지, 어떤 감정 상태인지, 무슨 생각을 하는지를 제대로 아는 것이다.

2. 공감능력이 뛰어난 사람의 습관 5가지를 말해 보자.

   1)

   2)

   3)

   4)

   5)

---

*공감하기(경험, 행동, 상황 때문에 상대방의 느낌, 감정, 생각을 이해하는 마음)의 종류

언어적 공감	비언어적 공감
– 아! 그렇구나. – 무슨 말인지 이해가 되었어. – 응 네 말이 맞아! – 잘 알고 있구나! – 그 말이 이런 뜻이지.	– 고개를 끄덕임 – 이해의 눈빛 – 집중해서 듣는 태도

◆ 다음 예시 상황을 참고하여 주어진 상황에서 공감하는 말하기를 연습해 보자.

예시 상황	공감 반응
친구: 나 요즘 맨날 너무 피곤해. 나한테 무슨 문제가 있는걸까?	반응1: 원래 산다는 게 피곤한 것 아니겠어? 반응2: 혹시 오늘 하루 종일 굶어서 그런 거 아니야? 반응3: 나도 마찬가지야, 그러니 나한테 그런 말 하지 마.

상황	공감 반응
친구: 내가 약속시간에 매번 늦어서 미안해. 난 왜 이렇게 잠이 많지…	반응1: 반응2: 반응3:

시간	세부 주제	활동2 토의하기 – 학습목표	학습자료
35분	공감을 통해 대인관계 향상	– 친구와 짝을 지어 대인관계 맺는 비결 6단계를 실천할 수 있다.	– 활동지2

◆ 원만한 대인관계를 맺는 비결에 대해 알아 보고 실천방안에 대해 토론해 보자.

구분	내용
1단계	타인에게 진정한 관심을 가져라.
2단계	미소를 지어라.
3단계	상대방에게 이름은 그의 어떤 말보다 달콤하고 중요한 말이라는 것을 명심해라.
4단계	상대방의 이야기를 잘 들어주는 사람이 되어라.
5단계	상대의 관심사에 대해 이야기를 해라.
6단계	상대방이 스스로 중요한 사람이라고 느끼게 만들어라.

◆ 상대방과 짝을 지어 원만한 대인관계 맺는 연습을 해 보자.

구분	내용
1단계	
2단계	
3단계	
4단계	
5단계	
6단계	

시간	세부 주제	활동3 협력하기 - 학습목표	학습자료
30분	자아존중감	– 자아존중감에 대해 이해하고 자아존중감을 향상시킬 수 있다.	– 활동지3

◆ 다음이 설명하는 개념에 대해 이해해 보자.

구분	설명	예
자아	자신에 대한 의식이나 관념	모든 일을 긍정적으로 생각한다. 자신감을 갖는다. 자신의 가치를 알고 소중하게 생각한다. 다른 사람의 관심과 사랑을 받을 만하다고 생각한다. 주어진 일을 잘 할 수 있다고 생각한다.
자아존중감	자기 자신을 가치 있고 소중히 여기는 마음 가치	
자존감	있는 그대로의 나를 존중하는 마음	
자신감	뭔가를 할 수 있는 나의 능력에 대한 믿음	

◆ 위의 개념을 가지고 내가 나에게 하는 부정적인 대화를 작성해 보고 긍정적인 대화로 바꿀 수 있는 방법에 대해 말해 보자.

부정적인 자기대화	긍정적인 자기대화
"내 이럴 줄 알았다. 내가 하긴 뭘 해" "그럼 그렇지, 이번이라고 다를 리가 있냐?" "어이구 이 바보야~ 넌 왜 번번이 이렇게 실수니?" "해도 안될 거야. 기대하지 마" "네가 하면 얼마나 잘한다고, 이럴 줄 알았지 뭐" "너 이번에 안되면 큰일인데 어떡할래?" "이번에 안되면 끝장이야 정말…" "나는 어떻게 하는 거마다 이 모양일까?"	"괜찮아~ 이 정도인 게 다행이지" "그래도 저번보다는 나았어" "괜찮아, 다른 사람들도 다 실수하지 뭐" "이번엔 실수했네. 다음엔 조심해야겠다" "잘할 수 있어! 지금까지 잘했잖아" "실수해도 괜찮아. 하던 대로 하면 돼" "별일 아니야~ 괜찮아 그럴 수도 있지"
나의 부정적인 자기대화	긍정적인 자기대화로 바꿀 수 있는 방법

시간	세부 주제	활동4 문제해결하기 - 학습목표	학습자료
20분	나의 관심 직업 맵	− 나의 특성을 고려하여 내가 관심 있어 하는 직업에 대해 정리할 수 있다.	− 활동지4

◆ **자신이 생각하는 나의 특성을 고려하여 아래와 같이 관심 직업을 정리해 보자.**

내가 갖고 싶은 직업은? (내가 희망하는 직업명)

내가 선택하기 싫은 직업은? (어떤 종류의 일을 싫어하는가?)

나의 흥미에 맞는 직업은?

나의 성격으로 가장 잘 해낼 수 있는 직업은?

나의 가치관에 맞는 직업은? (보수, 일에 대한 성취감 등)

나의 신체적 특징을 고려하여 가장 적합한 직업은?

내가 좋아하는 교과에 맞는 직업은 무엇일까?

II

직업세계의 이해

청소년의 진로설계역량을 강화하기 위한 중학생용 진로워크북

중학교 진로역량 강화를 위한 기본수업활동 2-1-1

II. 직업세계의 이해 - 1. 직업세계의 다양성과 미래 - 1) 다양한 직업

학습단원	대단원	II. 직업세계의 이해	중단원	1. 직업세계의 다양성과 미래	소단원	1) 다양한 직업

수업구성	교과서 페이지	67 - 73		활동방법	모둠/토론활동
	시간(분)	50분		평가방법	모둠별 발표하기

학습목표	1. 직업의 종류와 다양성에 대해 설명할 수 있다. 2. 변화하는 직업세계의 특성과 변화 과정에 대해 설명할 수 있다. 3. 미래 직업세계의 특성에 대해 설명할 수 있다.
교과연계성	이 활동은 내 주변의 다양한 직업을 찾고 이러한 직업 등이 자신과 사회에 주는 역할과 기능을 생각해 봄으로써 다양한 진로탐색의 기회를 제공할 수 있다.

진로 역량	대영역	중영역	하위영역	세부내용
	진로관리	진로탐색	진로탐색	진로에 대해 다양한 방법을 통해 적극적으로 탐색하는 능력

활동목표	1. 자신의 주변의 다양한 직업을 찾고, 이러한 직업이 자신과 사회에 가져다줄 수 있는 역할과 기능에 대해 생각할 수 있다.
성취기준	1. 다양한 직업의 특성과 기능에 대해 정리하고 설명할 수 있다.
세부 활동내용	[활동지1] 1. 내 주변의 직업 중 내가 흥미로워 하고 관심 있는 직업을 다음과 같이 정리해 보자 예) 1) 직업에 대한 기본 정보, 하는 일, 갖추어야 할 조건
교사역할	1. 수업 소개 2. 활동 소개 3. 활동 참여 방법 소개 4. 결과물 공유하기 안내 5. 평가 방법 설명하기
학생역할	1. 해당 수업 소개를 잘 듣고 수업 목표 숙지하기 2. 활동 소개를 잘 듣고 활동목표와 성취기준에 대해 이해하기 3. 활동 참여 방법을 잘 이해하고 적극적인 참여 태도를 갖기 4. 결과물을 동료학습자와 공유하는 방법을 이해하고 준비하기 5. 평가 방법을 이해하고 학습목표에 도달하였는지 점검하기

II. 직업세계의 이해 - 1. 직업세계의 다양성과 미래 - 2) 변화하는 직업

학습단원	대단원	II. 직업세계의 이해	중단원	1. 직업세계의 다양성과 미래	소단원	2) 변화하는 직업

수업구성	교과서 페이지	74-79	활동방법	모둠/토론활동
	시간(분)	50분	평가방법	모둠별 발표하기

학습목표	1. 직업의 종류와 다양성에 대해 설명할 수 있다. 2. 변화하는 직업세계의 특성과 변화 과정에 대해 설명할 수 있다. 3. 미래 직업세계의 특성에 대해 설명할 수 있다.
교과연계성	이 활동은 우리 고장에서 많은 사람들이 종사하고 있는 직업에 대해 몇 가지를 선정하여 그 직업들이 가지고 있는 특징들을 이해하는 데 도움을 줄 수 있다.

진로 역량	대영역	중영역	하위영역	세부내용
	진로관리	진로설계	진로계획	진로목표를 이루기 위한 실천 계획을 가지고 있는 상태

활동목표	1. 우리 고장의 다양한 직업 역할을 알고, 다양한 직업을 탐색할 수 있다.
성취기준	1. 다양한 직업의 사회적, 개인적 역할에 대해 설명할 수 있다.
세부 활동내용	[활동지1] 1. 우리 고장에서 많은 사람들이 종사하고 있는 직업에 대해 몇 가지 선정하고 그 직업의 개인적, 사회적 역할에 대해 정리하고 설명할 수 있다. 예) 개인적 역할: 경제적 소득, 자아실현. 사회적 역할: 사회의 안전망 유지, 지역 경제 활성화.
교사역할	1. 수업 소개 2. 활동 소개 3. 활동 참여 방법 소개 4. 결과물 공유하기 안내 5. 평가 방법 설명하기
학생역할	1. 해당 수업 소개를 잘 듣고 수업 목표 숙지하기 2. 활동 소개를 잘 듣고 활동목표와 성취기준에 대해 이해하기 3. 활동 참여 방법을 잘 이해하고 적극적인 참여 태도를 갖기 4. 결과물을 동료학습자와 공유하는 방법을 이해하고 준비하기 5. 평가 방법을 이해하고 학습목표에 도달하였는지 점검하기

중학교 진로역량 강화를 위한 기본수업활동 2-1-3

II. 직업세계의 이해 - 1. 직업세계의 다양성과 미래 - 3) 미래의 직업

학습단원	대단원	II. 직업세계의 이해	중단원	1. 직업세계의 다양성과 미래	소단원	3) 미래의 직업

수업구성	교과서 페이지	80 – 85	활동방법	모둠/토론활동
	시간(분)	50분	평가방법	모둠별 발표하기

학습목표	1. 직업의 종류와 다양성에 대해 설명할 수 있다. 2. 변화하는 직업세계의 특성과 변화 과정에 대해 설명할 수 있다. 3. 미래 직업세계의 특성에 대해 설명할 수 있다.
교과연계성	이 활동은 우리 고장의 사회경제적 변화를 예측해 보고 이러한 사회경제적 변화에 따른 미래 직업에 대해 탐색할 수 있는 기회를 제공한다.

진로 역량	대영역	중영역	하위영역	세부내용
	진로관리	진로설계	진로준비	진로를 이루는 데 필요한 실제적인 준비, 노력을 하고 있는 상태

활동목표	1. 우리 고장의 사회경제적 변화에 따른 직업세계의 변화를 탐색할 수 있다.
성취기준	1. 우리 고장의 사회경제적 변화에 다른 직업세계의 변화가 미치는 영향에 대해 설명할 수 있다.
세부 활동내용	[활동지1] 1. 다음의 미래 사회 변화를 바탕으로 우리 고장의 사회경제적 변화를 예측해 보고 앞으로 등장할 수 있는 직업에 대해 예측해 보자.
교사역할	1. 수업 소개 2. 활동 소개 3. 활동 참여 방법 소개 4. 결과물 공유하기 안내 5. 평가 방법 설명하기
학생역할	1. 해당 수업 소개를 잘 듣고 수업 목표 숙지하기 2. 활동 소개를 잘 듣고 활동목표와 성취기준에 대해 이해하기 3. 활동 참여 방법을 잘 이해하고 적극적인 참여 태도를 갖기 4. 결과물을 동료학습자와 공유하는 방법을 이해하고 준비하기 5. 평가 방법을 이해하고 학습목표에 도달하였는지 점검하기

활동 안내서

시간	세부 주제	활동1 이해하기 – 학습목표	학습자료
25분	내 주변의 직업	– 내 주변에서 쉽게 찾을 수 있는 직업 중 내가 관심을 가질만한 직업을 찾을 수 있다.	– 활동지1

◆ **내 주위에서 쉽게 찾을 수 있는 직업 중 관심이 가거나 흥미로운 직업에 대해 탐색해 보자.**

탐색 직업 1		
하는 일		
갖추어야 할 조건		
직업에 대한 기본 정보	1) 종사자 수	2) 평균 임금

탐색 직업 2		
하는 일		
갖추어야 할 조건		
직업에 대한 기본 정보	1) 종사자 수	2) 평균 임금

시간	세부 주제	활동2 토의하기 - 학습목표	학습자료
35분	직업의 역할	−다양한 직업에 대해 개인적 역할과 사회적 역할을 정리해 보고 이에 대한 나의 생각을 정리할 수 있다.	−활동지2

◆ 모둠을 구성하고 모둠별로 1가지 직업에 대한 특성을 정리해 보자.

	모둠1	모둠2	모둠3	모둠4	모둠5
직업 이름					
주요 업무					
평균 임금					
사회 기여					
만족도					
복지					
미래 전망					

◆ 모둠별로 조사한 직업에 대해 직업의 개인적 역할과 사회적 역할을 정리해 보자.

	모둠1	모둠2	모둠3	모둠4	모둠5
직업 이름					
개인적 역할(개성 발휘의 장이다. 자신의 개성 신장 및 일의 보람을 찾을 수 있다.)					
사회적 역할(개인은 직업을 통해 사회적 분업의 한 부분을 담당함으로써 다양한 사람들과 상호의존적 관계를 맺어 사회의 유지와 존속에 기여한다.)					

시간	세부 주제	활동3 협력하기 - 학습목표	학습자료
30분	미래직업탐색	−우리 지역사회의 사회경제적 변화를 예상해 보고 미래 사회에 생겨날 직업에 대해 파악 할 수 있다.	−활동지3

◆ 우리 지역사회의 사회경제적 변화에 대해서 생각해 보고, 미래 사회에 생겨날 직업에 대해서 설명해 보자.

우리 지역사회의 사회경제적 변화	미래에 생겨날 예상 직업	설명
− 여가시간이 많아진다.		
− 환경의 중요성이 더욱 강조된다.		
− 로봇이 집안일을 대신 해준다.		
− 사람의 수명이 길어진다.		
− 우주여행이 활발해진다.		
− 자가용 비행기가 생겨 어디든지 갈 수 있다.		
− 바다 속을 자유롭게 여행할 수 있다.		
− 학교에 갈 필요없이 가상 학교에서 가상 아바타 친구와 공부한다.		
− 인공지능이 나의 식단을 조절해주고 건강에 좋은 음식을 주문해준다.		

시간	세부 주제	활동4 문제해결하기 - 학습목표	학습자료
20분	4차 산업혁명과 혁신 기술	−4차 산업혁명으로 인한 혁신 기술의 변화에 대해 탐색해 보고 앞으로 등장하게 될 직업과 자신이 관심 있는 직업에 대해 말할 수 있다.	−활동지4

◆ **4차 산업혁명 시대의 특징을 조사하고 정리해 보자.**

정의	정보통신기술(ICT)의 융합으로 이뤄지는 차세대 산업혁명으로 '초연결', '초지능', '초융합' 사회를 일컫는다.
초연결성	사람과 사물, 사물과 사물 등 모든 것의 연결된다는 의미로 사물인터넷이 대표적인 예이다.
초지능	초연결성을 기반으로 대량의 데이터를 수집하고 인공지능으로 데이터를 분석하는 것이다.
예측가능성	초연결, 초지능화된 상태에서 빅데이터 기반 인공지능 기술이 예측 가능한 상태를 말하는 것이다.

새로운 혁신 기술	새로 생겨날 수 있는 직업	자신의 관심도(★★★)

중학교 진로역량 강화를 위한 기본수업활동 2-2-1

II. 직업세계의 이해 - 2. 직업세계 탐색의 방법 - 1) 인터넷을 활용한 직업탐색

학습단원	대단원	II. 직업세계의 이해	중단원	2. 직업세계 탐색의 방법	소단원	1) 인터넷을 활용한 직업탐색
수업구성	교과서 페이지	87 - 92		활동방법	모둠/토론활동	
	시간(분)	50분		평가방법	모둠별 발표하기	

학습목표	1. 인터넷을 활용한 직업세계 탐색 방법에 대해 설명할 수 있다. 2. 직업세계를 직접 체험할 수 있는 방법을 파악하여 활용할 수 있다. 3. 전문 직업인에 관한 자료 조사 및 탐방 방법에 대해 설명할 수 있다.
교과연계성	이 활동은 우리 지역사회에서 사라지고 있는 직업들에 대해 인터넷 검색을 통해 조사하여 직업세계 변화에 대해 이해할 수 있도록 돕는다.

진로 역량	대영역	중영역	하위영역	세부내용
	진로관리	진로설계	진로계획	진로목표를 이루기 위한 실천 계획을 가지고 있는 상태

활동목표	1. 인터넷을 활용하여 우리 지역사회에서 없어지는 직업과 새로 생겨날 수 있는 직업에 대해 예측해 보도록 한다.
성취기준	1. 사회경제적 변화에 따라 새롭게 등장한 직업과 사라진 직업에 대해 설명할 수 있다.
세부 활동내용	[활동지1] 1. 인터넷을 활용하여 우리 지역사회에서 사회경제적 변화들로 인하여 사라지고 있는 직업과 새롭게 생겨날 수 있는 직업에 대해 쓰고 그 이유를 설명할 수 있다.
교사역할	1. 수업 소개 2. 활동 소개 3. 활동 참여 방법 소개 4. 결과물 공유하기 안내 5. 평가 방법 설명하기
학생역할	1. 해당 수업 소개를 잘 듣고 수업 목표 숙지하기 2. 활동 소개를 잘 듣고 활동목표와 성취기준에 대해 이해하기 3. 활동 참여 방법을 잘 이해하고 적극적인 참여 태도를 갖기 4. 결과물을 동료학습자와 공유하는 방법을 이해하고 준비하기 5. 평가 방법을 이해하고 학습목표에 도달하였는지 점검하기

중학교 진로역량 강화를 위한 기본수업활동 2-2-2

I. 직업세계의 이해 - 2. 직업세계 탐색의 방법 - 2) 체험 학습을 통한 직업탐색

학습단원	대단원	II. 직업세계의 이해	중단원	2. 직업세계 탐색의 방법	소단원	2) 체험 학습을 통한 직업탐색
수업구성	교과서 페이지	93 – 98		활동방법	모둠/토론활동	
	시간(분)	50분		평가방법	모둠별 발표하기	

학습목표	1. 인터넷을 활용한 직업세계 탐색 방법에 대해 설명할 수 있다. 2. 직업세계를 직접 체험할 수 있는 방법을 파악하여 활용할 수 있다. 3. 전문 직업인에 관한 자료 조사 및 탐방 방법에 대해 설명할 수 있다.
교과연계성	이 활동은 우리 지역사회에서 새로운 사회경제적 변화에 발맞춰 등장한 기업, 기관 등을 조사하고 그 기관에 소속된 직업에 대해 이해할 수 있도록 돕는다.

진로 역량	대영역	중영역	하위영역	세부내용
	진로관리	진로설계	진로선택	진로를 부모나 선생님 등 타인에 의존하지 않고 자신의 자주적인 기준으로 선택하려는 태도

활동목표	1. 우리 지역사회에서 새롭게 등장한 기관이나 기업의 직업들을 탐색하고 그 역할이나 기능을 탐색할 수 있다.
성취기준	1. 우리 지역사회의 직업세계의 변화를 탐색하고 자신의 미래 직업에 대해 예측할 수 있다.
세부 활동내용	[활동지1] 1. 우리 지역사회의 사회경제적 변화를 예측/탐색하고 새롭게 등장한 직업을 골라보자. 자신의 미래 사회 직업을 담은 명함을 제작해 봄으로써 그 직업에 대한 이해와 설명을 할 수 있다.
교사역할	1. 수업 소개 2. 활동 소개 3. 활동 참여 방법 소개 4. 결과물 공유하기 안내 5. 평가 방법 설명하기
학생역할	1. 해당 수업 소개를 잘 듣고 수업 목표 숙지하기 2. 활동 소개를 잘 듣고 활동목표와 성취기준에 대해 이해하기 3. 활동 참여 방법을 잘 이해하고 적극적인 참여 태도를 갖기 4. 결과물을 동료학습자와 공유하는 방법을 이해하고 준비하기 5. 평가 방법을 이해하고 학습목표에 도달하였는지 점검하기

중학교 진로역량 강화를 위한 기본수업활동 2-2-3

I. 직업세계의 이해 – 2. 직업세계 탐색의 방법 – 3) 전문가와 함께하는 직업탐색

학습단원	대단원	II. 직업세계의 이해	중단원	2. 직업세계 탐색의 방법	소단원	3) 전문가와 함께하는 직업탐색
수업구성	교과서 페이지	99 – 103		활동방법	모둠/토론활동	
	시간(분)	50분		평가방법	모둠별 발표하기	

학습목표	1. 인터넷을 활용한 직업세계 탐색 방법에 대해 설명할 수 있다. 2. 직업세계를 직접 체험할 수 있는 방법을 파악하여 활용할 수 있다. 3. 전문 직업인에 관한 자료 조사 및 탐방 방법에 대해 설명할 수 있다.
교과연계성	이 활동은 우리 지역사회의 전문 직업인에 대해 자료 조사와 탐방을 통해 다양한 진취적 역량, 협업 능력, 의사소통 역량 등을 이해할 수 있도록 돕는다.

진로 역량	대영역	중영역	하위영역	세부내용
	진로관리	진로설계	진로준비	진로를 이루는 데 필요한 실제적인 준비, 노력을 하고 있는 상태

활동목표	1. 우리 지역사회의 진취적 역량을 소유한 전문 직업인을 탐색해 보고 그 직업인의 특성과 역할에 대해 이해할 수 있다.
성취기준	1. 우리 지역사회의 전문 직업인을 통해 그 직업이 가지고 있는 역할과 기능에 대해 탐색할 수 있다.
세부 활동내용	[활동지1] 1. 자신이 관심있거나 앞으로 미래의 자신의 직업으로 생각하는 영역의 전문 직업인에 대해 탐색하고 그 중 하나를 선택하여 그 직업의 개인적, 사회적 역할과 특징에 대해 조사해 보자.
교사역할	1. 수업 소개 2. 활동 소개 3. 활동 참여 방법 소개 4. 결과물 공유하기 안내 5. 평가 방법 설명하기
학생역할	1. 해당 수업 소개를 잘 듣고 수업 목표 숙지하기 2. 활동 소개를 잘 듣고 활동목표와 성취기준에 대해 이해하기 3. 활동 참여 방법을 잘 이해하고 적극적인 참여 태도를 갖기 4. 결과물을 동료학습자와 공유하는 방법을 이해하고 준비하기 5. 평가 방법을 이해하고 학습목표에 도달하였는지 점검하기

시간	세부 주제	활동1 이해하기 - 학습목표	학습자료
25분	미래 직업 변화 예측	−급변하는 사회경제적 환경을 고려하여 미래에 생겨날 직업과 사라질 직업에 대해 탐색할 수 있다.	−활동지1

◆ 미래 사회의 변화와 변화하는 직업세계에 대한 정보를 탐색하고 이미 없어진 직업과 그에 따른 사회 변화를 생각하면서 앞으로 사라질 것으로 예상되는 직업을 설명해 보자.

	직업	설명
앞으로 사라질 것으로 예상되는 직업	예: 신문배달원	급격한 디지털 매체와 읽을거리의 홍수로 인해 더이상 사람들은 종이로 된 신문을 보지 않을 것으로 예상됨. 환경에 대한 중요성이 높아짐에 따라 목재를 원재료로 하여 종이신문을 더 이상 만들지 않을 것임.

◆ 미래 사회의 변화를 예측해 보고 다시 새롭게 등장할 직업을 생각해 보자.

	직업	설명
앞으로 등장이 예상되는 직업	예: 로봇 전문가	과학 기술의 발달로 점차 로봇이 인간의 삶을 대체하거나 보완하는 일이 많아질 것으로 예상됨. 따라서 우리의 삶을 편하게 만들어 줄 로봇을 연구하는 직업이 새로 생기거나 확장될 것으로 예상됨.

시간	세부 주제	활동2 토의하기 – 학습목표	학습자료
35분	미래 기업 예측	–급속한 과학 기술의 발달로 생겨나게 될 미래 기업과 직업에 대해 예측할 수 있다.	–활동지2

◆ 급속한 과학 기술의 발달과 기술 혁신으로 인하여 산업구조와 생활환경이 빠르게 변화하고 있다. 따라서 재빠른 직업세계의 변화도 당연시되고 있다. 이러한 직업세계의 변화가 가져올 지역사회의 변화, 즉 새롭게 등장할 기업과 직업에 대해 예측해 보자.

분야	새롭게 등장할 기업	직업	이유
보건의료	예: 전국민 메디케어	1:1 전문 건강관리사	웨어러블 모바일 기기와 빅데이터 분석과 관련된 기술들이 획기적으로 발달하면서 인간의 건강 정보들이 순식간에 정보 서버에 저장이 되어 1:1 전문 건강관리사가 수시로 체크할 수 있고 질병에 대비할 수 있게 식단과 운동관리를 도와줌
도시농업			
기후산업			
질병			
수자원			
교육			
시간관리			
소셜 네트워크			
노인 서비스			
기부산업			

시간	세부 주제	활동3 협력하기 - 학습목표	학습자료
30분	우리 지역사회 전문 기업인	−우리 지역사회의 발전에 기여하고 있는 진취적인 전문 기업인에 대해 탐색하고 정리할 수 있다.	−활동지3

◆ 인터넷을 통해 우리 지역사회에 발전에 기여하고 진취적 역량을 발휘하고 있는 전문 직업인에 대해 탐색해 보고 그 직업인의 특성과 역할에 대해 설명해 보자.

직업인 성명	소속기관이나 단체	직업	하는 일	선정 이유
예: 정일진	주식회사 시대	경영인	화장품과 건강식품을 생산하는 회사의 경영을 맡고 있다.	코로나로 어려움을 겪고 있는 지역주민들에게 손소독제를 기부하고 생활방역을 위해 캠페인에 적극 동참하고 있다. 지역주민과 연대, 상생을 위해 노력하고 있다.

시간	세부 주제	활동4 문제해결하기 - 학습목표	학습자료
20분	지역의 혁신기업 탐방	−우리 지역을 중심으로 미래 혁신기업으로 자리매김할 수 있는 기업체를 선정하고 방문 계획이나 체험 학습 계획을 수립할 수 있다.	−활동지4

◆ 다음의 표를 이용하여 우리 지역의 혁신기업을 탐색해 보고 방문이나 체험 학습을 희망하는 경우 구체적인 계획을 수립해 보자.

[예시]

혁신기업	한국전력공사(KEPCO)
방문 희망 이유	미래의 에너지 산업을 선도할 가능성이 높음
방문 부서	미래 에너지 개발 부서
만나고 싶은 사람	미래 에너지 개발에 참여하고 있는 엔지니어들
궁금한 점	미래 에너지 분야에 엔지니어가 되려면 어떤 노력이 필요한지? 에너지 분야를 전공하기 위해 필요한 역량 에너지 전공으로 제공하는 우리나라 대학들 등등
미래 진로 가능성	앞으로 전망에 대한 문의
현재 직업에 대한 만족도	현재 근무하는 곳이나 미래 에너지 분야의 전반적인 직업 만족도
임금 수준	상 중 하

혁신기업	
방문 희망 이유	
방문 부서	
만나고 싶은 사람	
궁금한 점	
미래 진로 가능성	
현재 직업에 대한 만족도	
임금 수준	

중학교 진로역량 강화를 위한 기본수업활동 2-3-1

II. 직업세계의 이해 - 3. 직업에 대한 올바른 이해 - 1) 직업과 관련된 편견과 고정관념

학습단원	대단원	II. 직업세계의 이해	중단원	3. 직업에 대한 올바른 이해	소단원	1) 직업과 관련된 편견과 고정관념

수업구성	교과서 페이지	105 – 109	활동방법	모둠/토론활동
	시간(분)	50분	평가방법	모둠별 발표하기

학습목표	1. 직업과 관련된 편견과 고정관념에 대한 사례를 찾아볼 수 있다. 2. 직업에 대한 고정관념을 극복하기 위한 방안에 대해 설명할 수 있다.

교과연계성	이 활동은 자신의 직업 선택에 있어서 영향을 주는 다양한 가치에 대해 생각할 수 있는 기회를 제공한다.

진로 역량	대영역	중영역	하위영역	세부내용
	진로관리	진로인식	자아이해	흥미와 적성 등 자신의 특징과 내면을 잘 이해하는 상태

활동목표	1. 자신의 직업 선택에 있어서 영향을 주는 다양한 가치관에 대해 탐색할 수 있다.

성취기준	1. 자신의 직업 선택에 있어서 긍정적 영향을 주는 가치관에 대해 이해하고 설명할 수 있다.

세부 활동내용	[활동지1] 1. 자신이 갖고 싶어하는 직업에 대해서 생각해 보고 그 직업에 대한 귀천이 있는지 없는지 그 이유를 설명해 보자.

교사역할	1. 수업 소개 2. 활동 소개 3. 활동 참여 방법 소개 4. 결과물 공유하기 안내 5. 평가 방법 설명하기

학생역할	1. 해당 수업 소개를 잘 듣고 수업 목표 숙지하기 2. 활동 소개를 잘 듣고 활동목표와 성취기준에 대해 이해하기 3. 활동 참여 방법을 잘 이해하고 적극적인 참여 태도를 갖기 4. 결과물을 동료학습자와 공유하는 방법을 이해하고 준비하기 5. 평가 방법을 이해하고 학습목표에 도달하였는지 점검하기

중학교 진로역량 강화를 위한 기본수업활동 2-3-2

Ⅱ. 직업세계의 이해 - 3. 직업에 대한 올바른 이해 - 2) 고정관념 극복

학습단원	대단원	Ⅱ. 직업세계의 이해	중단원	3. 직업에 대한 올바른 이해	소단원	2) 고정관념 극복
수업구성	교과서 페이지	110 - 117		활동방법	모둠/토론활동	
	시간(분)	50분		평가방법	모둠별 발표하기	
학습목표	1. 직업과 관련된 편견과 고정관념에 대한 사례를 찾아볼 수 있다. 2. 직업에 대한 고정관념을 극복하기 위한 방안에 대해 설명할 수 있다.					
교과연계성	이 활동은 자신의 직업 선택에 있어서 영향을 주는 고정관념에 대한 극복 방안을 찾을 수 있도록 기회를 제공한다.					

진로 역량	대영역	중영역	하위영역	세부내용
	진로관리	진로설계	진로의사 결정능력	진로를 결정하는 데 다양한 정보를 수집하고 비교하여 결정하는 능력

활동목표	1. 내가 희망하는 직업이 가지고 있는 고정관념에 대해 설명하고 이에 대한 극복 방안을 제시할 수 있다.
성취기준	1. 직업에 대한 편견과 고정관념을 이해하고 문제점을 설명할 수 있다.
세부 활동내용	[활동지1] 1. 자신이 희망하는 직업에 대해 관련 자료를 조사하고 그 직업이 가지고 있는 편견이나 고정관념을 설명하고 극복 방안을 말해 보자.
교사역할	1. 수업 소개 2. 활동 소개 3. 활동 참여 방법 소개 4. 결과물 공유하기 안내 5. 평가 방법 설명하기
학생역할	1. 해당 수업 소개를 잘 듣고 수업 목표 숙지하기 2. 활동 소개를 잘 듣고 활동목표와 성취기준에 대해 이해하기 3. 활동 참여 방법을 잘 이해하고 적극적인 참여 태도를 갖기 4. 결과물을 동료학습자와 공유하는 방법을 이해하고 준비하기 5. 평가 방법을 이해하고 학습목표에 도달하였는지 점검하기

시간	세부 주제	활동1 이해하기 – 학습목표	학습자료
25분	직업 선택 가치관	– 직업 선택에 영향을 주는 다양한 가치관에 대해 생각해 보고 자신의 직업 선택에 영향을 줄 수 있는 직업가치관을 말할 수 있다.	– 활동지1

◆ 다음 제시된 가치관 중 자신의 직업 선택에 영향을 줄 수 있는 가치관 5가지를 선택하고 그 이유를 설명해 보자.

가치관				
1. 감사	9. 행복	17. 사랑	25. 의지	33. 지혜
2. 건강	10. 노력	18. 신용	26. 이타	34. 진실
3. 검소	11. 도리	19. 안정	27. 인내	35. 창의성
4. 겸손	12. 명예	20. 열정	28. 자신감	36. 책임감
5. 경청	13. 믿음	21. 예의	29. 자유	37. 평화
6. 희망	14. 배려	22. 용기	30. 정의	38. 친절
7. 근면	15. 배움	23. 효도	31. 정직	39. 칭찬
8. 꿈	16. 봉사	24. 웃음	32. 존중	40. 탐구

희망 직업		해당 가치관을 중요하게 생각하는 이유
가치관 1		
가치관 2		
가치관 3		
가치관 4		
가치관 5		

희망 직업		해당 가치관을 중요하게 생각하는 이유
가치관 1		
가치관 2		
가치관 3		
가치관 4		
가치관 5		

시간	세부 주제	활동2 토의하기 - 학습목표	학습자료
35분	직업 고정관념 이해하기	− 일상 속에서 잘못되어 있는 직업에 대한 고 정관념을 이해할 수 있다.	− 활동지2

◆ 다음에 제시된 직업에 대한 고정관념과 연결될 수 있는 기본적인 사고와 문제점을 찾아 보자.

고정관념	기본적인 사고	문제점
1. 직업은 남자가 갖는 것이다.	A. 연속극 주인공의 묘사는 사실이다. 대중매체가 보여주는 것은 옳다.	가. 사회에 유익한 공헌을 하는 직업군에 대한 가치 인식이 결여된다. 직업 시장 인력 공급에 대한 불균형이 발생한다.
2. 일류대학을 나오는 것이 출세의 지름길이다.	B. 집안의 가사는 여자가, 밖의 일은 남자가 해야 한다. 여성이 할 수 없는 직업, 남성이 할 수 없는 직업들이 다양하게 존재한다.	나. 직업의 특수성을 고려하지 않아 다양하고 창의적인 사고를 제한할 수 있다.
3. 직업에 귀천이 있다?	C. 화이트칼라 직업군이 블루칼라 직업군보다 우월하다는 인식을 가지고 있다. 화이트칼라 직업군이 블루칼라 직업군보다 보수가 높다.	다. 동등한 존재로서 남녀를 인식하지 않고 성별에 따라 기회를 제공한다. 성별에 따른 직업군을 제한함으로써 다양한 인재 발굴이 가능하다.
4. 인기직업이 유망 직업이다.	D. 성실, 근면함이 가장 중요하며 회사에 충성심을 가져야 한다.	라. 고학력 직업군과는 관련 없는 직업들까지 학력 인플레이션이 발생한다. 이에 따라 사회적인 낭비가 발생한다. 입시 위주의 경쟁을 부추겨 사교육 시장이 과도하게 성장한다.
5. 아침형 인간이 성공한다.	E. 직업세계의 성공은 학벌의 수준에 의하여 결정된다.	마. 청소년은 매스미디어의 영향을 많이 받고 절대적 가치를 부여하는 경향이 있어 직업세계의 왜곡된 정보를 그대로 믿으려는 경향이 있다.

시간	세부 주제	활동3 협력하기 - 학습목표	학습자료
30분	직업 고정관념 타파하기	− 자신의 가지고 있었던 직업에 대한 고정관념을 공유해 보고 이를 타파할 수 있는 방안에 대해 제시할 수 있다.	− 활동지3

◆ 평소에 특정 직업에 대한 사람들이 가지고 있는 편견이나 고정관념에 대해 알아 보고 달라진 경험이나 이런 점을 극복할 수 있는 방안에 대해 말해 보자.

직업	해당 직업에 대해 사람들이 가지고 있는 고정관념	극복 방안

시간	세부 주제	활동4 문제해결하기 - 학습목표	학습자료
20분	직업에 대한 고정관념 실례	- 우리 사회에 만연한 직업에 대한 고정관념을 타파할 수 있는 방법에 대해 생각해 보고 실천방안을 제시할 수 있다.	- 활동지4

◆ 우리의 직업세계에서 깊게 뿌리박힌 '유리천장'에 대해 살펴 보고 이러한 고질적인 직업적 고정관념을 타파할 수 있는 방법을 생각해 보자.

유리천장

충분한 능력을 갖춘 구성원, 특히 여성이 조직 내의 일정 서열 이상으로 오르지 못하게 하는 '보이지 않는 장벽(invisible barrier)'을 은유적으로 표현한 말이다.

여성 편집인이 언론자유를 위한 연례 회의에서 언급한 유리천장

미국의 컴퓨터정보기술업체 휴렛팩커드(HP)의 캐서린 로렌스(Katherine Lawrence)는 1979년 7월 '언론자유를 위한 여성기구(Women's Institute for the Freedom of the Press)' 연례 회의에서 "미국 기업 내 여성의 승진정책에는 제한이 없는 것 같지만, 실제로 '유리천장'이라는 제약에 놓여 있다."고 언급했다.

출처: [네이버 지식백과] 유리천장 [Glass ceiling] (상식으로 보는 세상의 법칙 : 경제편, 이한영)

유리천장의 사례	바람직하지 못하다고 생각하는 이유는?

대안	실제 적용사례	긍정적 요소	기대 효과
1. 블라인드 채용	공공기관 및 정부기관에서 적극적인 블라인드 채용을 실시하고 있음	학연, 지연 등 직업채용 과정에서 불합리한 부분 등을 제거할 수 있음	능력 위주의 채용을 확대할 수 있음

⬤ 미디어 자료

활동4 문제해결하기

[네이버 지식백과] 유리천장 [Glass ceiling] (상식으로 보는 세상의 법칙 : 경제편, 이한영)

진로의 탐색

청소년의 진로설계역량을 강화하기 위한 중학생용 진로워크북

중학교 진로역량 강화를 위한 기본수업활동 3-1-1

III. 진로의 탐색 - 1. 교육경로탐색 - 1) 중학교 이후의 교육경로

학습단원	대단원	III. 진로의 탐색	중단원	1. 교육경로 탐색	소단원	1) 중학교 이후의 교육경로
수업구성	교과서 페이지	121 – 126	활동방법		모둠/토론활동	
	시간(분)	50분	평가방법		모둠별 발표하기	

학습목표	1. 중학교 이후의 교육경로를 알 수 있다.
교과연계성	이 활동은 내가 희망하는 고등학교를 가기 위해 진학을 준비하는 활동으로 합리적으로 선택할 수 있도록 준비를 돕기 위한 것이다.

진로 역량	대영역	중영역	하위영역	세부내용
	진로관리	진로설계	진로선택	진로를 부모나 선생님 등 타인에 의존하지 않고 자신의 자주적인 기준으로 선택하려는 태도

활동목표	1. 자신의 진로목표에 따른 고등학교 진로경로를 수립할 수 있다. 2. 자신이 원하는 진로와 관련 있는 고등학교를 선택할 수 있다.
성취기준	1. 자신이 관심 있는 고등학교를 비교 분석하여 선택할 수 있다.
세부 활동내용	[활동지1] 1. 자신이 희망하는 고등학교를 선택할 때 고려해야 할 사항을 정리해 보자. 2. 합리적인 의사결정에 의해 나의 최종 선택 고등학교는 무엇이며 그런 결정을 하게 된 계기는 무엇인지 친구와 짝을 이뤄 설명해 보자.
교사역할	1. 수업 소개 2. 활동 소개 3. 활동 참여 방법 소개 4. 결과물 공유하기 안내 5. 평가 방법 설명하기
학생역할	1. 해당 수업 소개를 잘 듣고 수업 목표 숙지하기 2. 활동 소개를 잘 듣고 활동목표와 성취기준에 대해 이해하기 3. 활동 참여 방법을 잘 이해하고 적극적인 참여 태도를 갖기 4. 결과물을 동료학습자와 공유하는 방법을 이해하고 준비하기 5. 평가 방법을 이해하고 학습목표에 도달하였는지 점검하기

III. 진로의 탐색 - 1. 교육경로탐색 - 2) 고등학교의 유형

학습단원	대단원	III. 진로의 탐색	중단원	1. 교육경로 탐색	소단원	2) 고등학교의 유형
수업구성	교과서 페이지	127 – 135		활동방법	모둠/토론활동	
	시간(분)	50분		평가방법	모둠별 발표하기	

학습목표	1. 고등학교의 유형별 특징을 알 수 있다.
교과연계성	이 활동은 내가 희망하는 고등학교의 홈페이지 방문을 통해 진학에 필요한 조건이나 다양한 입시 전형에 대한 정보를 수집하기 위한 활동이다.

진로 역량	대영역	중영역	하위영역	세부내용
	진로관리	진로설계	진로선택	진로를 부모나 선생님 등 타인에 의존하지 않고 자신의 자주적인 기준으로 선택하려는 태도

활동목표	1. 자신의 진로목표에 따른 고등학교 진학 계획을 세울 수 있다. 2. 자신의 희망하는 고등학교의 입학정보를 찾아보고 정리할 수 있다.
성취기준	1. 자신이 관심 있는 고등학교의 입학정보를 찾아볼 수 있다.
세부 활동내용	[활동지1] 1. 자신이 희망하는 고등학교를 1지망, 2지망, 3지망 순으로 정하고 해당 학교의 홈페이지를 방문하여 필수적인 정보를 수집하고 정리해 보자. 2. 자신의 희망하는 최종 고등학교를 선택하고 그 결정에 대한 적절한 근거를 친구에게 논리적으로 설명해 보자.
교사역할	1. 수업 소개 2. 활동 소개 3. 활동 참여 방법 소개 4. 결과물 공유하기 안내 5. 평가 방법 설명하기
학생역할	1. 해당 수업 소개를 잘 듣고 수업 목표 숙지하기 2. 활동 소개를 잘 듣고 활동목표와 성취기준에 대해 이해하기 3. 활동 참여 방법을 잘 이해하고 적극적인 참여 태도를 갖기 4. 결과물을 동료학습자와 공유하는 방법을 이해하고 준비하기 5. 평가 방법을 이해하고 학습목표에 도달하였는지 점검하기

시간	세부 주제	활동1 이해하기 - 학습목표	학습자료
25분	고등학교 종류의 이해	- 고등학교의 학교 종류를 이해할 수 있다.	

1. 고교 평준화, 고교 비평준화의 개념에 대해서 이해해 보자.

현재는 이사를 간 초등학교 친구와 이야기를 하다가 '비평준화 지역'이라는 표현을 들었다. 중학교를 졸업하면 고등학교를 배정받는 것으로 알고 있던 현재는 비평준화 지역의 개념이 무엇인지 물었다. 친구는 현재에게 학교별로 고등학생을 선발하는 방식이라고 알려주었지만, 대학교도 아닌 고등학교가 학생을 선발한다는 것이 잘 이해가 되지 않았다.

• 내가 가고 싶은 고등학교는 평준화일까? 비평준화일까? 그리고 두 방식이 지니는 각각의 장/단점에 대해 생각해 보자.

2. 개인의 가치와 고등학교 진학에 대해 생각해 보자.

현재는 식물을 좋아하고, 원예활동을 할 때 행복하다고 느낀다. 그래서 고등학교를 진학함에 있어서 원예농업에 적합한 학교로 진학하고자 한다. 그러나 부모님께서는 대학의 중요성을 이야기하시며 대학을 갈 것을 종용하신다. 현재는 어떻게 해야 할까?

• 현재가 진학할 수 있는 고등학교는 어떤 유형이 있을까?

시간	세부 주제	활동2 토의하기 - 학습목표	학습자료
35분	고등학교 정보 취득	－ 내가 가고 싶은 고등학교의 기본 정보를 취득할 수 있다.	－ 활동지1

내가 가고 싶은 고등학교

[활동 순서]

1. 내가 희망하는 고등학교의 공식 홈페이지를 방문하거나 인터넷 검색을 통해서 진학을 희망하는 고등학교에 대해서 자세하게 탐색해 보자. (학교 알리미: https://www.schoolinfo.go.kr/Main.do)

관련 정보	희망 1순위 고등학교	희망 2순위 고등학교	희망 3순위 고등학교
학교 이름			
설립 구분			
남녀공학 여부			
유형(일반고, 특목고, 특성화고, 자율형사립고)			
계열(인문/자연계열)			
학교 위치			
통학 거리			
학교 홈페이지 주소			
교훈			
눈에 띄는 교육과정			
관심 동아리활동			
졸업생 진출 현황			
학비 및 장학금			
선발(전형) 방법			
추가 정보			
장점			
단점			

시간	세부 주제	활동3 협력하기 - 학습목표	학습자료
30분	고등학교에 대한 이해 증대	− 고등학교에 관한 진학과 분류에 대해 이해할 수 있다.	

1. 고등학교 진학에 관해 고민할 때 도움을 줄 수 있는 사람은 누구인가?

현재는 고등학교 진학을 위해 다양한 정보를 온라인을 통해서 수집하였다. 하지만 온라인 상에는 너무 당연한 이야기나, 뻔한 내용이 중심을 이루고 있었다. 자신의 진학을 위해 사람들을 통해 도움을 받고 자 하는 현재에게 도움을 줄 수 있는 사람은 누구일까?

2. 고등학교의 종류에 대해 이해해 보자.

현재는 고등학교 진학을 위해 여러 경로를 살펴보던 중 고등학교를 지칭하는 명칭이 조금씩 다른 것을 알게 되었다. 막연하게 OO고등학교로만 예상했었으나 학교를 나누는 개념들이 존재했던 것이다. 특수목 적고등학교, 특성화고등학교, 특수학교공동학교, 일반고등학교, 자율형사립고등학교 등 다양한 개념들이 존재하였다.

• 각 고등학교가 가지는 특징과 장점을 이야기해 보자.

시간	세부 주제	활동4 문제해결하기 - 학습목표	학습자료
20분	진학 계획 나누기	− 진학 계획에 대하여 동료와 의견을 나눌 수 있다.	

1. 함께 진학에 대해 탐색한 동료들이 진학하고 싶은 학교를 알고, 그 특징을 이해한다.

• 토의하기에서 진행한 희망 고등학교 중 하나를 선정하여, 선정 이유를 나누어보자.

_____

_____

_____

_____

_____

2. 고등학교 생활 중 진로 및 취업을 위한 활동으로 하고 싶은 일을 이야기해 보자.

_____

_____

_____

_____

_____

🎯 **미디어 자료**

> **활동2 토의하기**
>
> 학교 알리미: https://www.schoolinfo.go.kr/Main.do

중학교 진로역량 강화를 위한 기본수업활동 3-2-1

III. 진로의 탐색 - 2. 진로정보탐색 - 1) 나의 진로선택

학습단원	대단원	III. 진로의 탐색	중단원	2. 진로정보 탐색	소단원	1) 나의 진로선택
수업구성	교과서 페이지	137 – 141		활동방법		모둠/토론활동
	시간(분)	50분		평가방법		모둠별 발표하기

학습목표	1. 나에게 적합한 잠정적인 진학과 직업 진로를 선택할 수 있다.
교과연계성	이 활동은 학생 스스로 관심을 갖고 있는 직업 3가지 정도를 잠정적으로 정해 보고 선택 동기와 관련해서 자신이 원하는 진로를 창의적으로 디자인해 볼 수 있는 기회를 제공하고자 한다.

진로 역량	대영역	중영역	하위영역	세부내용
	진로관리	진로인식	직업세계의 이해	다양한 직업을 알고 직업세계가 변화하고 있음을 이해하는 능력

활동목표	1. 자신의 특성을 바탕으로 미래 진로에 대한 잠정적인 목표와 계획을 세울 수 있다. 2. 관심 있는 직업을 3가지 정도 정하고 그 직업에 관심을 갖게 된 이유를 설명할 수 있다.
성취기준	1. 관심 직업에 따라 진로를 설계해보는 연습을 해볼 수 있다.
세부 활동내용	[활동지1] 1. 자신이 관심을 가지고 있는 직업 3가지를 선정해본다. 2. 3가지 관심 직업에 따라 시간의 순서대로 자신의 미래를 계획해본다. 3. 관심 직업을 갖기 위해 필요한 조건이나 정보를 인터넷 검색을 통해 정리해본다.
교사역할	1. 수업 소개 2. 활동 소개 3. 활동 참여 방법 소개 4. 결과물 공유하기 안내 5. 평가 방법 설명하기
학생역할	1. 해당 수업 소개를 잘 듣고 수업 목표 숙지하기 2. 활동 소개를 잘 듣고 활동목표와 성취기준에 대해 이해하기 3. 활동 참여 방법을 잘 이해하고 적극적인 참여 태도를 갖기 4. 결과물을 동료학습자와 공유하는 방법을 이해하고 준비하기 5. 평가 방법을 이해하고 학습목표에 도달하였는지 점검하기

중학교 진로역량 강화를 위한 기본수업활동 3-2-2

III. 진로의 탐색 - 2. 진로정보탐색 - 2) 진로정보수집

학습단원	대단원	III. 진로의 탐색	중단원	2. 진로정보 탐색	소단원	2) 진로정보수집
수업구성	교과서 페이지	142 – 149		활동방법	모둠/토론활동	
	시간(분)	50분		평가방법	모둠별 발표하기	
학습목표	1. 자신의 진로에 필요한 정보를 탐색, 분석할 수 있다.					
교과연계성	이 활동은 자신의 진로결정과 탐색 활동에 대한 역량을 강화하기 위해 진로의사결정 과정에서 필요한 정보와 조언을 수집하는 것을 돕기 위함이다.					

진로 역량	대영역	중영역	하위영역	세부내용
	진로관리	진로설계	진로선택	진로를 부모나 선생님 등 타인에 의존하지 않고 자신의 자주적인 기준으로 선택하려는 태도

활동목표	1. 자신의 진로의사결정 경험과 능력을 기를 수 있다. 2. 자신의 진로의사결정에 필요한 정보를 수집할 수 있다.
성취기준	1. 자신이 진로탐색과 결정을 위해 필요한 정보와 조건을 수집할 수 있다.
세부 활동내용	[활동지1] 1. 커리어넷과 같은 진로정보 사이트를 통해 직업을 바꾼 사람들의 사례를 찾아보고 그들의 직업 이동 경로를 작성해 보자. 2. 해당 직업인의 직업 이동 과정에서 주요 영향 요인들이 무엇인지 분석해 보고 이 과정에서 자신이 느낀 점을 정리해 보자.
교사역할	1. 수업 소개 2. 활동 소개 3. 활동 참여 방법 소개 4. 결과물 공유하기 안내 5. 평가 방법 설명하기
학생역할	1. 해당 수업 소개를 잘 듣고 수업 목표 숙지하기 2. 활동 소개를 잘 듣고 활동목표와 성취기준에 대해 이해하기 3. 활동 참여 방법을 잘 이해하고 적극적인 참여 태도를 갖기 4. 결과물을 동료학습자와 공유하는 방법을 이해하고 준비하기 5. 평가 방법을 이해하고 학습목표에 도달하였는지 점검하기

시간	세부 주제	활동1 이해하기 - 학습목표	학습자료
25분	진로정보탐색	−진로정보탐색의 개념과 중요성을 인지할 수 있다.	

1. 진로정보탐색의 개념

진로정보는 개인이 진로에 관하여 선택을 하거나 결정을 내릴 때 필요한 일련의 정보를 의미한다. 즉, 개인이 앞으로 자신의 삶을 결정해 나가는 데 있어서 가장 중요한 요소 중 하나인 직업이나, 진로를 결정함에 있어서 도움을 줄 수 있는 것을 통칭하는 것이다.

• 진로정보는 어디에서 얻을 수 있을까?

2. 진로정보 탐색의 중요성

A씨는 대학을 졸업한 후 1년여의 구직활동을 통해 취업을 하였다. 그러나 취업한 회사의 생활과 인간관계 문제가 A씨를 괴롭혔다. '취업을 하겠다'라는 목표에 따라 취업을 하다 보니 회사 일이 자신의 적성과 너무 맞지 않았던 것이다. 뿐만 아니라 자신의 직장은 낯선 사람들을 많이 상대해야 하는 직업인데 A씨는 처음 본 사람에게 살갑게 대하지 못하는 성격이었다.

• 우리가 진로정보 탐색을 해야 하는 이유는 무엇인가?

시간	세부 주제	활동2 토의하기 - 학습목표	학습자료
35분	희망 진로정보 수집	− 자신이 희망하는 진로에 관한 정보를 수집할 수 있다.	

나의 희망 진로 정보 수집하기

[활동 순서]

가족이나 친척 또는 인터넷, 커리어넷을 통해 직업을 바꾼 사람들을 조사해 보고 그들의 진로경로를 탐색해 보자. 이를 통해 얻을 수 있는 교훈은 무엇인지 생각해 보자.

해당 인물			
구분	1번째 직업	2번째 직업	현재 직업
직업명			
일의 내용			
근무 형태			
직업 변경 이유			
만족 여부			
얻을 수 있는 교훈			

해당 인물			
구분	1번째 직업	2번째 직업	현재 직업
직업명			
일의 내용			
근무 형태			
직업 변경 이유			
만족 여부			
얻을 수 있는 교훈			

시간	세부 주제	활동3 협력하기 - 학습목표	학습자료
30분	진로정보 수집 능력 향상	−진로정보 수집을 위한 온/오프라인 활동을 할 수 있다.	

1. 진로센터의 개념과 역할에 대한 이해

진로센터는 다양한 진로와 관련한 정보들을 수집, 보관, 이용, 배포하는 곳으로 자신의 진로를 고민하는 사람들이 진로에 관한 정보를 얻을 수 있는 기회를 제공해 준다. 뿐만 아니라 상담가가 개별 면접을 통하여 진로를 고민하는 사람들에게 조언과 도움을 주기도 한다.

• 자신이 살고 있는 지역의 진로센터를 찾아 보자.

2. 온라인을 활용한 진로정보를 제공하는 사이트는 어디일까?

현재는 진로와 관련하여 온라인에서 다양한 정보를 얻고자 하였다. 그러나 단순한 검색으로는 자신의 적성과 그에 알맞은 직업 추천 등을 받을 수 없었다. 결국 피상적인 내용만을 습득한 채 진로 및 직업에 관한 정보를 충분히 수집할 수 없었다.

• 온라인 상에서 진로정보를 얻을 수 있는 곳을 찾아 보자.

시간	세부 주제	활동4 문제해결하기 - 학습목표	학습자료

20분   관심 직업 설명   －관심 직업에 대하여 설명할 수 있다.

◆ 자신의 직업관에 있어서 가장 중요시하는 것이 무엇인지 생각해 보자.

1. 자신이 직업을 선정할 때 중요하게 여기는 기준이 무엇인가?

직업 활동은 성인이 된 이후 인생의 대다수 시간을 보내는 행위이다. 더불어 사회적, 경제적 기반을 제공하는 역할을 하게 된다. 따라서 본인의 적성이나 가치와 배치되는 직업을 선정할 경우 삶의 대다수 시간이 고통처럼 느껴질 수 있다. 자신이 직업을 선정할 때 우선시하는 요소는 무엇인가?

2. 자신의 관심 직업에 대해 설명해 보자.

자신의 관심 직업과 선택 이유에 대해서 이야기해 보자. 더불어 자신이 관심 있어 하는 직업을 갖기 위해 준비해야 할 사항들은 단계적으로 정리해 보자.

중학교 진로역량 강화를 위한 기본수업활동 3-3-1

III. 진로의 탐색 - 3. 직업인의 역할 모델 탐색 - 1) 나의 역할 모델

학습단원	대단원	III. 진로의 탐색	중단원	3. 직업인의 역할 모델 탐색	소단원	1) 나의 역할 모델
수업구성	교과서 페이지	151 - 154	활동방법	모둠/토론활동		
	시간(분)	50분	평가방법	모둠별 발표하기		

학습목표	1. 나의 직업인 역할 모델을 탐색할 수 있다.

교과연계성	이 활동은 자신의 역할 모델이라고 생각하는 인물을 선택하고 내가 본받아 실천할 수 있는 내용을 찾아 실천 계획을 세워 봄으로써 진로탐색 과정을 돕기 위한 것이다.

진로 역량	대영역	중영역	하위영역	세부내용
	진로관리	진로인식	직업의식	사회 진출 후 직업인으로서 바른 태도와 행동을 유지하기 위한 도덕관 및 가치관

활동목표	1. 직업에 대한 수집한 정보를 분석하여 직업 이해에 활용한다. 2. 관심 직업분야의 다양한 진로경로를 탐색할 수 있다.

성취기준	1. 역할 모델의 진로경로를 알아보고 내가 본받아 실천할 수 있는 내용을 찾아내어 실천 계획을 세울 수 있다.

세부 활동내용	[활동지1] 1. 자신의 역할 모델을 찾아보고 인터넷 자료를 탐색하여 그 역할 모델이 살아온 길을 정리하고 다양한 나의 진로경로를 계획해 보자. 2. 역할 모델처럼 성공적인 삶을 위한 계획을 세워 보자.

교사역할	1. 수업 소개 2. 활동 소개 3. 활동 참여 방법 소개 4. 결과물 공유하기 안내 5. 평가 방법 설명하기

학생역할	1. 해당 수업 소개를 잘 듣고 수업 목표 숙지하기 2. 활동 소개를 잘 듣고 활동목표와 성취기준에 대해 이해하기 3. 활동 참여 방법을 잘 이해하고 적극적인 참여 태도를 갖기 4. 결과물을 동료학습자와 공유하는 방법을 이해하고 준비하기 5. 평가 방법을 이해하고 학습목표에 도달하였는지 점검하기

III. 진로의 탐색 – 3. 직업인의 역할 모델 탐색 – 2) 역할 모델과 진로

학습단원	대단원	III. 진로의 탐색	중단원	3. 직업인의 역할 모델 탐색	소단원	2) 역할 모델과 진로

수업구성	교과서 페이지	155 – 161	활동방법	모둠/토론활동
	시간(분)	50분	평가방법	모둠별 발표하기

학습목표	1. 나의 직업인 역할 모델의 진로 과정을 설명할 수 있다.

교과연계성	이 활동은 다양한 검사, 진로직업체험을 통해 파악된 자신의 진로적성이나 자신의 흥미에 맞는 직업분야를 설정하고 관심 직업분야의 인물들의 특성을 알아보고 성공적인 직업생활에 대해 분석하기 위함이다.

진로 역량	대영역	중영역	하위영역	세부내용
	진로관리	진로설계	진로계획	진로목표를 이루기 위한 실천 계획을 가지고 있는 상태

활동목표	1. 직업에 대해 수집한 정보를 분석하여 직업을 이해하는 데 활용할 수 있다. 2. 관심 직업분야에 종사하는 인물들의 특성과 진로경로를 탐색할 수 있다.

성취기준	1. 관심 직업분야에 종사하는 인물들의 특성을 이해할 수 있다.

세부 활동내용	[활동지1] 1. 직업인으로서 성공한 인물을 찾아보고 그렇게 생각하는 이유와 성공 과정을 간략하게 적어 보자. 2. 내가 본받고 싶은 관심 직업인 한 사람을 정하여 탐색해 보고 내용을 정리해 보자.

교사역할	1. 수업 소개 2. 활동 소개 3. 활동 참여 방법 소개 4. 결과물 공유하기 안내 5. 평가 방법 설명하기

학생역할	1. 해당 수업 소개를 잘 듣고 수업 목표 숙지하기 2. 활동 소개를 잘 듣고 활동목표와 성취기준에 대해 이해하기 3. 활동 참여 방법을 잘 이해하고 적극적인 참여 태도를 갖기 4. 결과물을 동료학습자와 공유하는 방법을 이해하고 준비하기 5. 평가 방법을 이해하고 학습목표에 도달하였는지 점검하기

시간	세부 주제	활동1 이해하기 - 학습목표	학습자료
25분	역할 모델	−역할 모델의 필요성과 중요성을 이해할 수 있다.	

◆ 역할 모델의 가치 이해

1. 역할 모델의 정의와 필요성

역할 모델은 어떤 사람이나 대상을 특정하여 자신이 성숙할 때까지 모델로 삼는 것을 의미한다. 특히 사회생활에 있어서 역할 모델은 추상적이거나 이상적인 존재를 선정하는 것보다는 자신의 현실과 실제 삶의 환경과 유사한 상황에 있는 사람을 선정하는 것이 효율적이라 할 수 있다.

• 역할 모델이 필요한 이유에 대해 이야기해 보자.

2. 긍정적 역할 모델과 부정적 역할 모델에 대해 생각해 보자.

운동선수 A씨는 뛰어난 운동실력으로 많은 이들의 갈채를 받았다. 그러나 프로 선수로서 운동을 해나가는 동안 사적으로 많은 물의를 일으켰으며, 자신의 잘못에 대해 반성하지 않는 모습을 보였다. 그는 선수로서의 명성만큼이나 사회적 비난을 받았고, 결국 스포츠 분야의 커리어는 훌륭하지만 은퇴 후에도 지속적으로 비난을 받았다.

• A씨는 누군가의 역할 모델이 될 수 있는가? 그 이유는 무엇인가?

시간	세부 주제	활동2 토의하기 – 학습목표	학습자료
35분	직업인의 유형과 모델링화	– 자신이 선정한 모델에 대해 모델링 과정을 적용한다.	

1. 모델링 인물의 탐색

어릴 적에 읽던 많은 위인전에는 역사적, 과학적, 사회적 영향력을 지닌 많은 사람들이 등장한다. 이 가운데 자신의 모델이 될만한 인물이 있는지 생각해 보자.

▶ 선택된 인물의 이름:

▶ 선택의 이유:

2. 벤두러의 모델링 과정

- 탐색하기: 모델 대상에 대한 정보를 수집, 탐색하여 역할 모델을 선정
- 기억하기: 역할 모델의 생각, 행동, 신념을 기억하기
- 따라하기: 역할 모델이 추구하는 진로목표, 진로 활동 등을 따라하기
- 습관화하기: 모방한 행동을 강화시키기

• 자신이 선정한 역할 모델을 대상으로 벤두러 모델링 과정을 적용해 보자.

▶ 탐색하기

▶ 기억하기

▶ 따라하기

▶ 습관화하기

시간	세부 주제	활동3 협력하기 - 학습목표	학습자료
30분	역할 모델의 이해	－역할 모델의 진로 경험에 대하여 이해할 수 있다.	－활동지1

나의 역할 모델이 살아온 진로 경험 이해하기

[활동 순서]

1. 내가 닮고 싶은 삶을 살아가는 사람, 나의 역할 모델을 2명 찾아 보자.

이름		직업	
선정 이유			
이름		직업	
선정 이유			

2. 나의 역할 모델이 살아온 삶을 정리하면서 그 사이 겪었던 어려움이나 갈등을 어떻게 극복하였는지 이야기해 보자.

	나의 역할 모델1이 걸어온 삶에 대해 정리	나의 역할 모델2가 걸어온 삶에 대해 정리
위기의 순간		
위기 원인과 이유		
갈등 해소		
영향과 변화		

3. 내가 역할 모델과 같은 삶은 살아가기 위해 노력해야 할 점을 생각하고 친구들과 공유해 보자.

구분	닮고 싶은 점	실천 방안
1		
2		

시간	세부 주제	활동4 문제해결하기 - 학습목표	학습자료
20분	역할 모델에 대한 공유	−자신이 누군가의 역할 모델이 될 수 있음을 이해한다. −자신의 역할 모델에 대해 동료와 나눈다.	

1. 누군가의 역할 모델 되기

A씨는 5년 전만 해도 고도비만의 몸매를 지니고 있었다. 그러나 5년에 걸친 꾸준한 운동과 식단 조절을 통하여 BMI지수를 표준으로 맞출 수 있었다. 그의 가족은 모두 고도비만이었으나 A씨는 이를 탈출하는 데 성공하였고, 그의 가족뿐 아니라 주변 지인들에게 건강하게 몸을 관리하는 사람으로 평가받게 되었다.

• 일상 속에서 누군가의 역할 모델이 될 수 있는 사례를 찾아 보자.

2. 역할 모델로서의 자기 가치 부여하기

세상에 존재하는 사람들은 각각 자신이 잘하는 일이나 능력 있는 분야를 개척하고 있다.

▶

중학교 진로역량 강화를 위한 기본수업활동 3-4-1

학습단원	대단원	III. 진로의 탐색	중단원	4. 성공적인 직업 생활과 직업윤리	소단원	1) 성공적인 직업 생활을 위한 조건
수업구성	교과서 페이지	163 – 168		활동방법		모둠/토론활동
	시간(분)	50분		평가방법		모둠별 발표하기
학습목표	1. 성공적인 직업 생활을 위한 조건을 설명할 수 있다.					
교과연계성	이 활동은 다양한 진로직업 체험 활동을 통해 직업에 대한 적성을 확인하고 감상할 수 있는 기회를 제공하도록 하며 관심 있는 직업에 대한 탐색을 돕기 위한 것이다.					

진로 역량	대영역	중영역	하위영역	세부내용
	진로관리	진로설계	진로계획	진로목표를 이루기 위한 실천 계획을 가지고 있는 상태

활동목표	1. 인터넷을 활용하여 다양한 직업 체험 활동을 통해 구체적인 직업에 대한 정보를 탐색할 수 있다. 2. 직업 체험 활동 방법을 이해하고 적극적인 태도를 가질 수 있다.
성취기준	1. 다양한 방법을 통해 직업 정보를 적극적으로 수집할 수 있다.
세부 활동내용	[활동지1] 1. 커리어넷과 같은 직업정보 사이트를 이용하여 내가 관심 있는 직업에 대한 정보를 찾아 보자. 2. 자신의 관심 있는 직업에 대해 관심 질문을 작성해 보고 예상 답안을 작성해 보자.
교사역할	1. 수업 소개 2. 활동 소개 3. 활동 참여 방법 소개 4. 결과물 공유하기 안내 5. 평가 방법 설명하기
학생역할	1. 해당 수업 소개를 잘 듣고 수업 목표 숙지하기 2. 활동 소개를 잘 듣고 활동목표와 성취기준에 대해 이해하기 3. 활동 참여 방법을 잘 이해하고 적극적인 참여 태도를 갖기 4. 결과물을 동료학습자와 공유하는 방법을 이해하고 준비하기 5. 평가 방법을 이해하고 학습목표에 도달하였는지 점검하기

중학교 진로역량 강화를 위한 기본수업활동 3-4-2

III. 진로의 탐색 - 4. 성공적인 직업 생활과 직업윤리 - 2) 직업인의 윤리

학습단원	대단원	III. 진로의 탐색	중단원	4. 성공적인 직업 생활과 직업윤리	소단원	2) 직업인의 윤리

수업구성	교과서 페이지	169 – 177	활동방법	모둠/토론활동
	시간(분)	50분	평가방법	모둠별 발표하기

학습목표	1. 바람직한 직업윤리에 대해 설명할 수 있다.

교과연계성	이 활동은 직업인으로서 알아야 할 기초적인 노동법규, 취업 가능 연령, 청소년 근로법규, 근로시간, 최저임금 등의 기본적인 권리를 이해하여 책임과 권리 모두 조화롭게 갖춘 사회의 구성원으로 거듭나는 것을 돕기 위함이다.

진로 역량	대영역	중영역	하위영역	세부내용
	진로관리	진로설계	진로준비	진로를 이루는 데 필요한 실제적인 준비와 노력을 하고 있는 상태

활동목표	1. 직업인으로서 가져야 할 직업윤리 및 권리를 이해한다. 2. 직업인의 기본적인 권리를 이해할 수 있다.

성취기준	1. 직업인으로서 갖는 기본적인 권리를 이해하고 설명할 수 있다.

세부 활동내용	[활동지1] 1. 직업에 관한 정보를 탐색할 수 있는 워크넷을 방문하여 직업인으로서 가질 수 있는 기본적인 권리에 대해 조사해 보자. 2. 근로자의 기본 권리를 이해하고 퀴즈를 풀어 보자.

교사역할	1. 수업 소개 2. 활동 소개 3. 활동 참여 방법 소개 4. 결과물 공유하기 안내 5. 평가 방법 설명하기

학생역할	1. 해당 수업 소개를 잘 듣고 수업 목표 숙지하기 2. 활동 소개를 잘 듣고 활동목표와 성취기준에 대해 이해하기 3. 활동 참여 방법을 잘 이해하고 적극적인 참여 태도를 갖기 4. 결과물을 동료학습자와 공유하는 방법을 이해하고 준비하기 5. 평가 방법을 이해하고 학습목표에 도달하였는지 점검하기

시간	세부 주제	활동1 이해하기 - 학습목표	학습자료
25분	직업윤리	- 직업윤리의 개념을 이해하고, 적용해본다.	

1. 직업윤리의 정의

직업윤리는 개인과 사회(공동체)에 대하여 직업이 갖는 도덕적 가치를 의미한다. 즉, 직업을 지닌 사람들이 자신의 직무를 행할 때 가져야 할 도덕적 가치인 것이다.

• 다음 예로 든 직업의 직업윤리는 무엇인지 고민해 보자.

기관사

경찰관

음식점 주인

잡화 상인

은행원

승무원

2. 직업윤리의 예

2014년 7월 17일 광주 수완지구에는 세월호 참사 지원 활동을 마치고 복귀 중이던 헬기가 추락하였다. 강원도 소방본부 소속의 헬기는 노후화와 불안정한 시계 속에서 고도를 높이지 못하고 중학교와 상가 단지, 아파트 밀집 지역에 추락하게 된 것이다. 이 사고로 소방관 5명이 순직하였으나, 민간인 2명이 가벼운 화상을 입은 것 말고는 큰 피해를 입지 않았다. 헬기 조종사였던 정성철 소방령은 민간인의 피해를 막기 위해 마지막 순간까지 헬기를 조종한 것으로 알려져 있다.

• 정성철 소방령이 보여준 직업윤리는 어떠한 것인가?

시간	세부 주제	활동2 토의하기 – 학습목표	학습자료
35분	희망 직업탐색	– 희망 직업에 대해 탐색해 고찰할 수 있다.	– 활동지1

희망 직업 체험에 대해 탐색해보기

[활동 순서]

1. 내가 체험하고 싶은 직업에 대해 커리어넷이나 인터넷을 통해 직업 정보를 찾아 보자.

체험 희망 직업	
내가 찾은 정보	

2. 만약 내가 희망하는 직업을 체험하게 된다면 궁금했던 것에 대해 질문지를 작성해 보자.

1. 어떤 일을 하시나요?

2. 이 일은 우리 사회에 어떤 영향을 미치나요?

3. 이런 일을 하는 사람들은 주로 어디서, 어떻게 일을 하나요?

4. 평균적으로 얼마의 임금을 받나요?

5. 이 일을 하는 데에는 어떤 능력이 필요한가요?

6. 이 일을 하기 위해 필요한 자격이나 조건이 있나요?

7. 이 일의 장점과 단점은 무엇일까요?

8. 이 일의 전망은 어떠한가요?

9. 추가적인 질문을 작성해봅시다.

시간	세부 주제	활동3 협력하기 – 학습목표	학습자료
30분	직업의 복리후생	−직업의 복리후생의 개념에 대해 알고, 자신의 선호를 생각해 보자.	

1. 복리후생의 개념 이해하기

일반적으로 회사에 입사하게 되면 회사에서 '복리후생'이라는 명칭으로 근로자에게 혜택을 주게 된다. 회사는 근로자에게 만족감을 주고, 작업 안정성을 제공해 줌으로써 더 나은 노동 효율을 얻을 수 있다. 근로자는 근로의 질을 개선시킬 뿐만 아니라 일과 삶의 균형을 추구할 수 있다. 이는 크게 금전적 보상과 비금전적 보상으로 이루어지는데 임금 외에 노동의 만족도를 평가할 수 있는 중요한 잣대이다.

• 내가 생각하는 복리후생의 예시를 들어 보자.

2. 자신이 희망하는 직업의 근무여건은 어떠한가?

A와 B는 친구이다. 이 둘은 비슷한 직종의 신입사원으로 취직하였고 연봉도 비슷하였다. 그러나 A씨의 회사는 보너스와 위로금이 지불되었으며, 명절이나 기념일에는 선물도 지급되었다. B씨의 회사는 보너스는 없지만, 휴게실과 수면실, 카페테리아 등 좋은 사무실 환경을 제공하고 있고, 회사 식당이 훌륭하다.

• 직업 활동은 단순히 경제적 소득을 얻는 과정이 아닌, 삶을 영위하는 과정이기도 하다. 따라서 근무 여건 및 복지 상황은 삶의 질 문제와 매우 밀접하게 관련되어 있다. 다음에 나열된 근무여건 중 우선순위에 따라 근무조건을 배열해 보자.

<근무여건>

복장 규정	유니폼 제공	사내 수면실	도서 구입비	창립기념일 선물
카페테리아	청소대행업체	개인 PC 제공	탕비실 음료 제공	냉장고

시간	세부 주제	활동4 문제해결하기 - 학습목표	학습자료
20분	권리 보장	−직업인으로서 권리를 보장받지 못했을 경우에 대해 대비한다.	

1. 직업인으로써 적절한 권리를 보장받지 못했을 때 무엇을 해야 하는가?

A씨는 이번에 수능을 보았다. 대학생이 되기 전 겨울 방학 동안에 돈을 모으기 위해서 동네에 있는 편의점에서 야간 아르바이트를 시작하였다. 사장님은 A씨의 나이와 사는 곳을 묻더니, 한 동네 사는데 굳이 근로계약서를 작성할 필요가 있겠냐며, 넘어가셨다. 그리고 밤 근무 동안 최저시급에 맞춰 돈을 주시겠다고 하였다.

• 사장님이 위반한 근로기준법은 무엇일까?

2. 문제의 해결

앞서의 편의점에 취직한 A씨는 한 달 간 일을 하였다. 사장님께서는 한 달 동안 받기로 한 금액에 10%를 더 넣었다며, 자기 같은 사장님은 없을 거라며 자화자찬을 하셨다. 그러나 사장님은 최저시급에 10%를 더해 돈을 주셨다.

▶ A씨의 상황에서 사장님의 잘못은 무엇인가?

▶ A씨는 충분히 받지 못한 자신의 임금을 어떻게 받을 수 있을까?

IV

진로의사결정 및 계획

청소년의 진로설계역량을 강화하기 위한 중학생용 진로워크북

중학교 진로역량 강화를 위한 기본수업활동 4-1-1

IV. 진로의사결정 및 계획 - 1. 진로의사결정 - 1) 진로의사결정 방법

학습단원	대단원	IV. 진로의사결정 및 계획	중단원	1. 진로의사결정	소단원	1) 진로의사결정 방법
수업구성	교과서 페이지	181 – 183	활동방법		모둠/토론활동	
	시간(분)	50분	평가방법		모둠별 발표하기	

학습목표	1. 진로의사결정 방법에 대해 설명할 수 있다.
교과연계성	이 활동은 합리적인 진로의사결정의 과정과 절차를 이해하기 위해 다양한 진로 갈등 상황에 대한 가상 시나리오를 구성해본 후 역할극을 실시해 봄으로써 진로의사결정 과정에 대한 이해를 돕기 위함이다.

진로 역량	대영역	중영역	하위영역	세부내용
	진로관리	진로탐색	진로정보	직업과 진학에 대한 다양한 정보를 알고 찾을 수 있는 능력

활동목표	1. 진로의사결정 능력을 기를 수 있다. 2. 진로의사결정의 과정과 절차를 이해할 수 있다.
성취기준	1. 합리적인 진로의사결정 과정과 절차를 이해할 수 있다.
세부 활동내용	[활동지1] 1. 합리적인 의사결정과정과 절차를 이해하고 진로 갈등을 해결하기 위한 가상의 시나리오를 작성해 보자. 2. 우리 주변에 쉽게 찾아볼 수 있는 진로 갈등 상황을 연출해 보고 역할극에 참여해 본다.
교사역할	1. 수업 소개 2. 활동 소개 3. 활동 참여 방법 소개 4. 결과물 공유하기 안내 5. 평가 방법 설명하기
학생역할	1. 해당 수업 소개를 잘 듣고 수업 목표 숙지하기 2. 활동 소개를 잘 듣고 활동목표와 성취기준에 대해 이해하기 3. 활동 참여 방법을 잘 이해하고 적극적인 참여 태도를 갖기 4. 결과물을 동료학습자와 공유하는 방법을 이해하고 준비하기 5. 평가 방법을 이해하고 학습목표에 도달하였는지 점검하기

합리적인 의사결정하기

시간	세부 주제	활동1 이해하기 - 학습목표	학습자료
15분	진로의사결정 방법	– 의사결정의 개념을 이해한다.	– 활동지1

1. 의사결정의 개념을 안다.

의사결정은 선택의 상황이 왔을 때 선택을 진행하는 것을 의미한다. O, X 형태의 단순한 상황 뿐만 아니라 여러 가지 가능성 중에서 하나의 대안을 선택해야 하는 경우도 많이 발생한다. 많은 경우에 자신이 선택한 것이 좋지 않을 수 있다는 점 혹은 책임지기 어려울 수 있다는 점 등으로 인해 의사결정을 주저하게 된다.

• A는 식당에 가면 메뉴판을 오래 쳐다보곤 한다. 어떤 음식이 맛있을지, 혹시 자신이 선택한 음식이 별로일지, 자신만 독특한 것을 먹는 것은 아닐지 다양한 고민이 들기 때문이다. 그리고 고심 끝에 종종 친구들이 가장 많이 시킨 음식을 따라서 시키고는 한다.

나의 경우는 어떠한지를 생각해 보고, 일상의 작은 영역에서 선택이 어려운 순간을 이야기해 보자.

_____

_____

_____

_____

2. 진로선택에 있어서 주체적 결정이 중요한 이유는 무엇인가?

A군은 수학을 잘 못하지만, 부모님의 의견을 따라 이과로 진학하였다. 부모님께서는 이과가 취직이 더 쉽다며 이과로의 진학을 권하였기 때문이다. 평소 부모님의 의견을 존중했던 A군은 부모님의 조언을 따랐으나, 고등학교 수학은 그에게 너무 어렵게 다가왔다. 결국 A군은 수학을 포기하였고, 고등학교를 다니는 내내 수업에 흥미를 느끼지 못하게 되었다.

_____

_____

_____

_____

시간	세부 주제	활동2 토의하기 - 학습목표	학습자료
15분	진로의사결정 방법	−A군의 갈등 사례를 해결할 수 있는 합리적인 의사결정 과정을 제시할 수 있다.	−활동지1

1. 합리적인 의사결정 5단계 과정을 이해한다.

합리적인 의사결정 5단계	
1단계 목표 확인	− 내가 원하는 것, 즉 목표가 무엇인지를 분명하게 정한다.
2단계 대안 탐색	− 목표를 이룰 수 있는 여러 가지 대안을 찾아 정리한다.
3단계 기준 확인	− 탐색한 대안들을 평가할 기준을 마련한다. − 예: 문제 해결을 위한 시간과 돈은 충분할까? 다른 물건이 필요한가? 등
4단계 대안 평가 및 설정	− 마련한 기준으로 대안들을 평가하고 우선순위 매기기를 한다. − 높은 점수를 받은 대안을 선택한다. − 단, 모든 대안의 점수가 너무 낮으면 2단계부터 다시 시작한다.
5단계 계획 수립 및 실행	− 선택한 대안을 수행하기 위한 계획을 세워서 실천한다. − 계획을 수정 보완하거나 새로운 계획을 세워야 할 때도 있다.

2. 이전 활동에서 제시한 가상의 갈등 상황에서 문제를 해결할 수 있는 합리적인 의사결정 과정을 생각해 보자.

합리적인 의사결정 5단계	
1단계 목표 확인	
2단계 대안 탐색	
3단계 기준 확인	
4단계 대안 평가 및 설정	
5단계 계획 수립 및 실행	

시간	세부 주제	활동3 협력하기 – 학습목표	학습자료
10분	진로의사결정 방법	− 이전 활동에서 작성한 갈등 상황에 대해 역할극을 해볼 수 있다.	− 활동지1

− 위의 합리적의 의사결정 과정을 친구들과 역할극을 만들어서 연습해 보자.

역할 구분	친구 이름	구체적 역할 내용

시간	세부 주제	활동4 문제해결하기 – 학습목표	학습자료
10분	진로의사결정 방법	− 역할극을 마친 후, 갈등 상황을 해결할 수 있는 해결책에 대해 설명할 수 있다.	− 활동지1

− 역할극을 한 후, 갈등 해결방안을 자유롭게 말해 보자.

중학교 진로역량 강화를 위한 기본수업활동 4-1-2

IV. 진로의사결정 및 계획 - 1. 진로의사결정 - 2) 진로선택과 자기책임감

학습단원	대단원	IV. 진로의사결정 및 계획	중단원	1. 진로의사 결정	소단원	2) 진로선택과 자기책임감
수업구성	교과서 페이지	184 – 189	활동방법	모둠/토론활동		
	시간(분)	50분	평가방법	모둠별 발표하기		

학습목표	1. 진로의사결정에 대한 자기책임감의 중요성을 이해할 수 있다.

교과연계성	스스로가 극복해나간 진로 장벽은 진로에 대한 동기를 높이고 목표를 향한 실천의지를 다지는 데 긍정적인 영향을 주기 때문에 자신의 진로 장벽을 극복하는 사례를 통해 진로의사결정 이해를 돕기 위한 것이다.

진로 역량	대영역	중영역	하위영역	세부내용
	진로관리	진로탐색	진로준비	진로를 이루는 데 필요한 실제적인 준비와 노력을 하고 있는 상태

활동목표	1. 진로의사결정의 과정과 절차를 이해할 수 있다. 2. 자신의 진로 장벽 요인을 파악하고 해결방안을 모색할 수 있다.

성취기준	1. 자신의 진로 장벽을 찾아보고 극복할 수 있는 방안을 찾을 수 있다.

세부 활동내용	[활동지1] 1. 내가 경험해 보았거나 내가 지금 느끼고 있는 진로 장벽이 있다면 그림이나 글로 표현하여 극복할 수 있는 방법을 표현해 보자. 2. 나의 진로 장벽 극복 사례를 친구들 앞에서 발표해 보자.

교사역할	1. 수업 소개 2. 활동 소개 3. 활동 참여 방법 소개 4. 결과물 공유하기 안내 5. 평가 방법 설명하기

학생역할	1. 해당 수업 소개를 잘 듣고 수업 목표 숙지하기 2. 활동 소개를 잘 듣고 활동목표와 성취기준에 대해 이해하기 3. 활동 참여 방법을 잘 이해하고 적극적인 참여 태도를 갖기 4. 결과물을 동료학습자와 공유하는 방법을 이해하고 준비하기 5. 평가 방법을 이해하고 학습목표에 도달하였는지 점검하기

나의 진로장벽 극복하기

시간	세부 주제	활동1 이해하기 - 학습목표	학습자료
10분	진로 장벽 극복	− 다양한 진로 장벽 요인에 대해 설명할 수 있다. − 내가 겪고 있는 진로 장벽을 표현할 수 있다.	− 활동지1

1. 진로 장벽의 종류에 대해 알아 보자.

종류	내용
개인 성적/능력 문제	나는 프로 축구 선수가 되고 싶다. 축구부 코치님 말로는 내 실력으로는 프로 축구 선수가 되기에는 어렵다고 하신다. 날마다 연습하는데도, 나보다 축구를 잘하는 친구들이 너무 많다.
부모님 신념 문제	나는 백종원 같은 요리연구가가 되고 싶다. 요리를 배울 수 있는 고등학교에 가서 요리를 빨리 배우고 싶다. 그러나 부모님은 무조건 공무원을 하라고 하신다. 요리는 너무 힘이 드는 직업이고, 안정적인 직장의 공무원이 제일 좋다고 하신다.
사회적 편견 문제	나는 유튜브 방송인이 꿈이다. 내가 게임을 하는 모습을 방송하면서 시청자들과 소통하는 것이 즐겁다. 그러나 유튜브 방송하는 것을 직업으로 한다고 하면 주위에서 좋게 보지 않는다. 방구석에서 컴퓨터만 하는 것으로 생각하기 때문이다.

2. 내가 경험하고 있거나 느끼고 있는 진로 장벽 또는 진로 어려움에 대해 여러 그림으로 표현해 보자.

시간	세부 주제	활동2 토의하기 – 학습목표	학습자료
20분	진로 장벽 극복	– 내가 겪고 있는 진로 장벽의 요인을 설명할 수 있다.	– 활동지1

– 나의 진로선택과 준비를 가로막는 진로 상황이나 요인에 대해 설명하고 극복 방안에 대해 단계별로 작성해 보자.

나의 진로선택과 준비를 가로막는 상황이나 요인에 대해 표현하기

극복 방안1 : 깨뜨리기	극복 방안2 : 넘어서기

극복 방안3 : 돌아가기	극복 방안4 : 돌아서기

시간	세부 주제	활동3 협력하기 – 학습목표	학습자료
10분	진로 장벽 극복	–친구의 진로 장애 상황을 들어보고, 극복 방 안에 대한 내 의견을 말할 수 있다.	–활동지1

– 친구의 진로 장애 상황을 들어보고, 극복 방안에 대한 나의 생각을 말해 보자.

친구가 겪고 있는 진로 장애 상황은?	
극복 방안에 대한 내 생각은?	

시간	세부 주제	활동4 문제해결하기 – 학습목표	학습자료
10분	진로 장벽 극복	–내 진로 장애 극복 방안에 대한 친구의 의견 을 듣고, 내 진로 장애 극복 방안에 대한 나 의 생각을 정리하여 말할 수 있다.	–활동지1

– 친구의 조언을 듣고, 내 진로 장애 극복 방안을 정리해본다.

내 진로 장애에 대한 친구가 제시한 방안은?	
내가 생각하는 나의 진로 장애 극복 최종 방안은?	

중학교 진로역량 강화를 위한 기본수업활동 4-2-1

IV. 진로의사결정 및 계획 – 2. 진로선택 및 탐색 – 1) 직업 선택

학습단원	대단원	IV. 진로의사결정 및 계획	중단원	2. 진로선택 및 탐색	소단원	1) 직업 선택
수업구성	교과서 페이지	191 – 194	활동방법	모둠/토론활동		
	시간(분)	50분	평가방법	모둠별 발표하기		

학습목표	1. 합리적인 진로의사결정 과정을 통해 희망 직업을 선택할 수 있다.

교과연계성	이 활동은 직업을 선택할 때에는 특별한 기준 없이 인지도나 연봉 등의 일반적인 잣대에만 의존하기보다는 자기 스스로가 직업에 대한 가치를 우선 확립할 수 있도록 직업가치관에 대한 이해를 높이고 관련 직업에 대한 탐색 기회를 제공하기 위함이다.

진로 역량	대영역	중영역	하위영역	세부내용
	진로관리	진로인식	직업세계의 이해	다양한 직업을 알고 직업세계가 변화하고 있음을 이해하는 능력

활동목표	1. 직업 선택에 영향을 주는 다양한 가치를 탐색한다. 2. 자신이 어떠한 삶을 살고 싶은지를 관심 직업과 연결지어 그려 볼 수 있다.

성취기준	1. 자신의 직업가치관과 관련된 직업을 탐색할 수 있다.

세부 활동내용	[활동지1] 1. 자신이 원하는 직업에 대한 가치관을 선택해 보자. 2. 자신이 선택한 가치관과 적합하다고 생각되는 직업과 그 이유에 대해 친구들에게 설명해 보자.

교사역할	1. 수업 소개 2. 활동 소개 3. 활동 참여 방법 소개 4. 결과물 공유하기 안내 5. 평가 방법 설명하기

학생역할	1. 해당 수업 소개를 잘 듣고 수업 목표 숙지하기 2. 활동 소개를 잘 듣고 활동목표와 성취기준에 대해 이해하기 3. 활동 참여 방법을 잘 이해하고 적극적인 참여 태도를 갖기 4. 결과물을 동료학습자와 공유하는 방법을 이해하고 준비하기 5. 평가 방법을 이해하고 학습목표에 도달하였는지 점검하기

나의 직업선택기준 가치관 알아보기

시간	세부 주제	활동1 이해하기 - 학습목표	학습자료
10분	직업 선택 가치관	−나의 직업 선택 가치관에 대해 조사하여 말할 수 있다.	−활동지1

1. 내가 꿈꾸는 삶은 어떠한 삶인지 자유롭게 그림으로 표현해 보자.

설명	

2. 다음에 제시된 가치관에 대해 내가 생각하는 중요도 정도에 체크 표시해 보자.

가치관	매우 중요	보통	중요하지 않음
1. 존경과 인정을 받을 수 있는 일			
2. 남을 도와줄 수 있는 일			
3. 명령하며 할 수 있는 일			
4. 해고 걱정 없이 할 수 있는 일			
5. 돈을 많이 벌 수 있는 일			
6. 많이 배우면서 할 수 있는 일			
7. 내 능력을 충분히 발휘할 수 있는 일			
8. 나의 아이디어로 도전해 볼 수 있는 일			
9. 자기계발에 도움이 되는 일			
10. 즐겁고 행복하게 할 수 있는 일			
11. 힘든 노동이 별로 없는 일			
12. 여행을 많이 할 수 있는 일			
13. 가족과 함께 할 수 있는 일			
14. 많은 사람들이 하지 않는 일			
15. 가치를 창조하는 일			

시간	세부 주제	활동2 토의하기 - 학습목표	학습자료
15분	직업 선택 가치관	ㅡ내가 희망하는 직업과 부합하는 가치관에 대 해서 설명할 수 있다.	ㅡ활동지1

ㅡ 자신이 희망하는 직업을 말해 보고 그 직업에 어울리는 가치관을 선택해 보자. 그 이유에 대해 설명해 보자.

희망하는 직업	하는 일	부합하는 가치관	선택 이유	앞으로의 전망

시간	세부 주제	활동3 협력하기 - 학습목표	학습자료
15분	직업 선택 가치관	ㅡ친구가 희망하는 직업과 가치관에 대한 설명 을 듣고, 상담가가 되어 상담해 보자.	ㅡ활동지1

ㅡ 친구가 희망하는 직업과 가치관에 대한 설명을 듣고, 상담가가 되어 상담해 보자.

친구의 희망 직업	하는 일	부합하는 가치관	적절하다고 생각하는 이유	적절하지 않다고 생 각하는 이유

시간	세부 주제	활동4 문제해결하기 - 학습목표	학습자료
15분	직업 선택 가치관	- 최종적으로 결정한 희망 직업에 대해 소개하고, 직업을 갖게 된 후 버킷 리스트를 작성해 보자.	- 활동지1

1. 최종적으로 결정한 희망 직업을 자유롭게 친구한테 설명해 보자.

2. 직업을 갖게 된 후 무엇을 하고 싶을지 나만의 버킷 리스트를 작성해 보자.

IV. 진로의사결정 및 계획 - 2. 진로선택 및 탐색 - 2) 직업탐색

학습단원	대단원	IV. 진로의사결정 및 계획	중단원	2. 진로선택 및 탐색	소단원	2) 직업탐색

수업구성	교과서 페이지	195 – 201	활동방법	모둠/토론활동
	시간(분)	50분	평가방법	모둠별 발표하기

학습목표	1. 자신의 진로목표와 관련된 구체적인 정보를 수집할 수 있다.

교과연계성	이 활동은 직업인으로서 사회에 나가게 되었을 때 갖추어야 할 일반적인 직업윤리인 사명감과 책임감, 도덕성에 대해 탐색하고 적절한 태도와 자세를 갖출 수 있게 도와준다.

진로 역량	대영역	중영역	하위영역	세부내용
	진로관리	진로설계	진로준비	진로를 이루는 데 필요한 실제적인 준비와 노력을 하고 있는 상태

활동목표	1. 직업인으로서 가져야 할 직업윤리 및 권리를 이해한다. 2. 직업인이 공통적으로 갖추어야 할 직업윤리를 이해할 수 있다.

성취기준	1. 직업인이 지녀야 할 바람직한 직업윤리를 알고 실천할 수 있다.

세부 활동내용	[활동지1] 1. 각각의 직업별로 중요하게 지켜야 할 직업윤리를 이해해 보자. 2. 미디어를 통해 자신이 관심 있는 모델 직업인을 선택하고 그 직업인들이 가지고 있는 윤리적인 직업의식에 대해 설명해 보자.

교사역할	1. 수업 소개 2. 활동 소개 3. 활동 참여 방법 소개 4. 결과물 공유하기 안내 5. 평가 방법 설명하기

학생역할	1. 해당 수업 소개를 잘 듣고 수업 목표 숙지하기 2. 활동 소개를 잘 듣고 활동목표와 성취기준에 대해 이해하기 3. 활동 참여 방법을 잘 이해하고 적극적인 참여 태도를 갖기 4. 결과물을 동료학습자와 공유하는 방법을 이해하고 준비하기 5. 평가 방법을 이해하고 학습목표에 도달하였는지 점검하기

직업윤리에 대해 이해하기

시간	세부 주제	활동1 이해하기 – 학습목표	학습자료
15분	직업윤리 이해	– 직업인으로서 가져야 할 직업윤리 및 권리에 대해 설명할 수 있다.	– 활동지1

– 각각의 직업별로 중요하게 지켜야 할 직업윤리를 선택해 보고 그 이유에 대해 설명해 보자.

직업윤리		
1. 공정성	2. 표절하지 않기	3. 생명 존중
4. 비밀 보장	5. 세금 잘 내기	6. 안전한 시공
7. 뇌물 안 받기	8. 안전운전, 교통법규 준수	9. 위생
10. 진실 보도		
직업 구분	요구되는 직업윤리	이유
1. 판사		
2. 의사		
3. 음악가		
4. 건축가		
5. 상담가		
6. 기업인		
7. 공무원		
8. 식품제조업자		
9. 버스운전사		
10. 언론인		

시간	세부 주제	활동2 토의하기 – 학습목표	학습자료
10분	직업윤리 이해	－미디어에 나오는 유명인의 직업적 윤리에 대해서 친구와 토의할 수 있다.	－활동지1

－ 미디어를 통해 자신이 관심 있는 모델 직업인을 선택하고 그 직업인이 가지고 있어야 하는 윤리적 직업의식에 대해 친구와 논의해 보자.

유명인 이름	
직업	
요구되는 직업윤리	
직업윤리 실천사례	
본받을 점	

시간	세부 주제	활동3 협력하기 – 학습목표	학습자료
15분	직업윤리 이해	－내가 원하는 직업의 직업윤리와 책임에 대해 설명할 수 있다.	－활동지1

－ 내가 원하는 직업과 그 직업에 필요한 직업윤리 및 뒤따르는 책임에 대해 적어 보자.

	희망 직업1 ( )	희망 직업2 ( )
이 직업에 필요한 직업윤리		

이 직업에 뒤따르는 책임		

시간	세부 주제	활동4 문제해결하기 - 학습목표	학습자료
10분	직업윤리 이해	− 내가 원하는 직업을 선택하고 직업윤리를 지 키겠다는 선언문을 작성해 보자.	− 활동지1

− 내가 원하는 직업의 직업윤리를 잘 지키겠다는 내용의 선언문을 작성해 보자.

IV. 진로의사결정 및 계획 - 3. 진로계획의 수립 - 1) 나의 진로목표

학습단원	대단원	IV. 진로의사결정 및 계획	중단원	3. 진로계획의 수립	소단원	1) 나의 진로목표
수업구성	교과서 페이지	203 - 209		활동방법	모둠/토론활동	
	시간(분)	50분		평가방법	모둠별 발표하기	

학습목표	1. 다양한 사람의 의견을 모아 나의 진로목표를 설정할 수 있다.
교과연계성	이 활동은 진로목표에 가까이 다가갈 수 있는 토대를 만들어 보기 위하여 진로목표를 실현하는 데 도움이 되는 다양한 진로활동을 통해 창의적 진로계획을 세워 보기 위함이다.

진로 역량	대영역	중영역	하위영역	세부내용
	진로관리	진로탐색	진로탐색	진로에 대해 다양한 방법을 통해 적극적으로 탐색하는 능력

활동목표	1. 자신의 특성을 바탕으로 미래 진로에 대해 잠정적인 목표와 계획을 세운다. 2. 자신의 진로목표와 관련된 학교활동을 계획하고 참여할 수 있다.
성취기준	1. 학교활동을 통해 자신의 진로목표를 실천할 수 있다.
세부 활동내용	[활동지1] 1. 자신의 진로계획을 세워 보고 이를 달성하기 위한 적극적인 학교활동 실천 계획을 세워 보자. 2. 학교활동 이외에 추가적으로 자신이 참여하고 싶은 활동을 계획해 보고 선정 이유에 대해 설명해 보자.
교사역할	1. 수업 소개 2. 활동 소개 3. 활동 참여 방법 소개 4. 결과물 공유하기 안내 5. 평가 방법 설명하기
학생역할	1. 해당 수업 소개를 잘 듣고 수업 목표 숙지하기 2. 활동 소개를 잘 듣고 활동목표와 성취기준에 대해 이해하기 3. 활동 참여 방법을 잘 이해하고 적극적인 참여 태도를 갖기 4. 결과물을 동료학습자와 공유하는 방법을 이해하고 준비하기 5. 평가 방법을 이해하고 학습목표에 도달하였는지 점검하기

나의 진로활동 계획하기

시간	세부 주제	활동1 이해하기 - 학습목표	학습자료
15분	진로 활동 계획	－나의 미래 진로목표를 세울 수 있다. 있다.	－활동지1

－ 나의 진로목표를 진술해 보자.

나의 진로목표	1. 2. 3. 4. 5.

시간	세부 주제	활동2 토의하기 - 학습목표	학습자료
10분	진로 활동 계획	－학교활동 이외에 나의 진로를 위한 활동 들을 계획해 보고 친구들과 토의할 수 있다.	－활동지1

－ 학교활동적으로 할 수 있는 활동들을 작성하고 그 이유에 대해 설명해 보자.

활동 내용	진로와 어떤 연관이 있는지

시간	세부 주제	활동3 협력하기 - 학습목표	학습자료
10분	진로 활동 계획	－ 나의 진로목표와 활동 내용을 친구에게 설명하고, 친구의 의견을 경청하고 정리할 수 있다.	－ 활동지1

－ 나의 진로목표와 활동 내용에 대한 친구의 의견을 경청하고, 정리해 보자.

시간	세부 주제	활동4 문제해결하기 - 학습목표	학습자료
15분	진로 활동 계획	－ 나의 진로목표를 위한 학교활동 계획을 세울 수 있다.	－ 활동지1

－ 나의 진로목표를 위한 학교활동 계획을 세워 보자.

구분	나에게 필요한 활동
학습활동	
자율활동	
동아리활동	
봉사활동	
진로활동	

Ⅳ. 진로의사결정 및 계획 - 3. 진로계획의 수립 - 2) 구체적인 진로계획 수립

학습단원	대단원	Ⅳ. 진로의사결정 및 계획	중단원	3. 진로계획의 수립	소단원	2) 구체적인 진로계획 수립
수업구성	교과서 페이지	210 - 217		활동방법	모둠/토론활동	
	시간(분)	50분		평가방법	모둠별 발표하기	
학습목표	1. 자신의 진로목표를 바탕으로 진로계획을 수립할 수 있다.					
교과연계성	이 활동은 고등학생이 된 자신의 모습을 상상해보고 구체적인 고등학교 생활을 계획하고 설계해봄으로써 학생들의 학교생활을 도와주기 위함이다.					

진로 역량	대영역	중영역	하위영역	세부내용
	진로관리	진로설계	진로준비	진로를 이루는 데 필요한 실제적인 준비와 노력을 하고 있는 상태

활동목표	1. 진로목표에 따른 고등학교 진학 계획을 수립하고 준비한다. 2. 고등학교 생활에 적응하기 위해 계획을 세우고 준비할 수 있다.
성취기준	1. 고등학교 생활을 계획하고 준비할 수 있다.
세부 활동내용	[활동지1] 1. 고등학생이 된 자신의 모습을 상상하여 고등학교 생활을 통해 하고 싶은 것, 진로, 활동에 대해 말해 보자. 2. 알차고 보람된 고등학교 생활을 위해 고등학생이 되어 하고 싶은 동아리 활동에 대해 말해 보자.
교사역할	1. 수업 소개 2. 활동 소개 3. 활동 참여 방법 소개 4. 결과물 공유하기 안내 5. 평가 방법 설명하기
학생역할	1. 해당 수업 소개를 잘 듣고 수업 목표 숙지하기 2. 활동 소개를 잘 듣고 활동목표와 성취기준에 대해 이해하기 3. 활동 참여 방법을 잘 이해하고 적극적인 참여 태도를 갖기 4. 결과물을 동료학습자와 공유하는 방법을 이해하고 준비하기 5. 평가 방법을 이해하고 학습목표에 도달하였는지 점검하기

나의 고등학교 생활 상상해보기

시간	세부 주제	활동1 이해하기 - 학습목표	학습자료
10분	고등학교 진학 계획	－ 진학의 의미를 이해할 수 있다.	－ 활동지1

1. 진학의 의미를 이해해 보자.

진학(進學) [명사]

1. 학문의 길에 나아가 배움.
2. 상급학교에 감.

• 진학의 개념에 대해 생각해 보고, 진학을 위한 준비의 중요성을 이야기해 보자.

2. 진학을 해야하는 까닭은 무엇일까?

국가는 하나의 공동체로서 구성원인 국민의 생활 수준 향상과 안녕에 기여해야 한다는 의무를 지니고 있다. 이 과정에서 교육활동은 국가가 국민에게 보장하여야 할 기본적인 요소로 이해되는데, 하나의 온전한 인격체로의 성장과 사회구성원들 간의 조화를 만들기 위한 핵심 작업이라 할 수 있다. 이는 체계적, 조직적, 합리적으로 진행이 되어야 하며 구성원들 간에 합의와 공통의 가치를 지향하여야 한다.

시간	세부 주제	활동2 토의하기 - 학습목표	학습자료
10분	고등학교 진학 계획	─고등학교 진학의 의미에 대해서 토의할 수 있다.	─활동지1

1. 우리나라의 진학 및 교육 활동의 단계에 대해서 안다.

우리나라의 초등학교 진로교육의 목표는 긍정적인 자아개념을 형성하고 진로 탐색과 계획 및 준비를 위한 기초 소양을 기르는 것이다. 중학교는 기초적인 진로 역량을 발전시키면서 체계적으로 진로를 탐색하고, 이후 진로에 대하여 준비하는데 목적을 둔다. 고등학교에서는 진로와 관련한 직업이나 교육기회에 대해 보다 구체적으로 탐색하고 합리적으로 디자인하며 실천할 수 있도록 준비하는데 목적이 있다.

출처: 장현진, 학교급별 진로교육의 목표와 내용(행복한교육 2015년 03월호 中)

• 본인의 진학 경험 중, 초등학교에서 중학교로 진학하면서 어떤 점이 달랐는지를 이야기해 보자.

_____

_____

_____

_____

_____

2. 고등학교 진학 후 중학교와 달라지는 점을 생각해 보자.

현재는 중학교 3학년이다. 곧 고등학교에 진학하게 되지만, 아직 고등학교 생활을 어떻게 준비해야 하는지에 대해서 생각해본 적은 없다. 단지 수능 준비에 대한 부담, 주변의 시선 변화, 학습량의 증대가 있지 않을까? 하는 막연한 생각만 하고 있다. 현재가 고등학교를 가면 무엇이 달라지게 될까?

_____

_____

_____

_____

_____

시간	세부 주제	활동3 협력하기 – 학습목표	학습자료
20분	고등학교 진학 계획	−자신의 진학 계획을 수립할 수 있다.	−활동지 1

◆ 진학을 위한 경로를 설정하기

1. 다음 중 자신이 희망하는 고등학교를 진학할 때 고려해야 하는 사항을 중요도에 따라 우선순위를 매겨 보자.

고려사항	매우 중요★★★	보통 중요★★	그렇게 중요하지 않음★
1. 직업목표 관련성			
2. 입학 가능성(성적)			
3. 경제적 비용			
4. 통학 거리			
5. 대학 진학 가능성			
6. 취업 가능성			
7. 자신의 적성과 흥미			
8. 자신의 가치관			
9. 신체적 조건			
10. 공부 자신감			
11. 가정 환경			
12. 친구			
13. 부모님의 기대			
14. 선생님의 추천			
15. 동아리활동			

2. 지역에서 최종적으로 희망하는 고등학교 3곳을 지정하고 해당 고등학교의 특징, 다양한 정보를 탐색하고 진학하고자 하는 이유를 설명해 보자.

고등학교 이름	
고등학교 특징 및 정보	
진학 이유	

고등학교 이름	
고등학교 특징 및 정보	
진학 이유	

고등학교 이름	
고등학교 특징 및 정보	
진학 이유	

시간	세부 주제	활동4 문제해결하기 - 학습목표	학습자료
20분	고등학교 진학 계획	−나의 고등학교 생활 모습을 상상할 수 있다. −고등학생 때 하고 싶은 활동에 대해 계획할 수 있다.	−활동지1

1. 고등학생이 되었을 때 나의 모습을 그려 보자.

2. 알차고 보람된 고등학교 생활을 위해 고등학생이 되었을 때 하고 싶은 활동에 대해 계획해 보자.

분야	나의 계획(구체적으로 진술)	시기	필요 사항/조건

🔘 **미디어 자료**

활동2 토의하기

장현진, 학교급별 진로교육의 목표와 내용(행복한교육 2015년 03월호 中)

중학교 진로역량 강화를 위한 기본수업활동 4-4-1

IV. 진로의사결정 및 계획 - 4. 진로계획실천과 평생학습 - 1) 생애 진로계획과 실천

학습단원	대단원	IV. 진로의사결정 및 계획	중단원	4. 진로계획실천과 평생학습	소단원	1) 생애 진로계획과 실천
수업구성	교과서 페이지	219 – 224		활동방법	모둠/토론활동	
	시간(분)	50분		평가방법	모둠별 발표하기	

학습목표	1. 생애에 걸친 진로계획과 실천 과정을 설명할 수 있다.

교과연계성	이 활동은 직업이 갖는 개인적, 사회적 의미를 인지하고 직업을 통해 경제적인 안정뿐만 아니라 사회 활동에 참여하며 자아실현을 위한 것임을 이해할 수 있도록 도와준다.

진로 역량	대영역	중영역	하위영역	세부내용
	진로관리	진로설계	진로계획	진로목표를 이루기 위한 실천 계획을 가지고 있는 상태

활동목표	1. 직업 역할을 알고 다양한 종류의 직업을 탐색한다. 2. 직업의 개인적, 사회적 역할을 이해하고 자신의 희망 직업을 탐색할 수 있다.

성취기준	1. 자신이 희망하는 직업이 갖는 개인적, 사회적 역할을 알고 설명할 수 있다.

세부 활동내용	[활동지1] 1. 일과 직업의 이해를 바탕으로 직업에 해당하는 것을 찾아 보자. 2. 자신이 희망하는/관심 있는 직업을 선정하여 그것들의 개인적, 사회적 역할에 대해 설명해 보자.

교사역할	1. 수업 소개 2. 활동 소개 3. 활동 참여 방법 소개 4. 결과물 공유하기 안내 5. 평가 방법 설명하기

학생역할	1. 해당 수업 소개를 잘 듣고 수업 목표 숙지하기 2. 활동 소개를 잘 듣고 활동목표와 성취기준에 대해 이해하기 3. 활동 참여 방법을 잘 이해하고 적극적인 참여 태도를 갖기 4. 결과물을 동료학습자와 공유하는 방법을 이해하고 준비하기 5. 평가 방법을 이해하고 학습목표에 도달하였는지 점검하기

직업역할에 대해 이해하기

시간	세부 주제	활동1 이해하기 - 학습목표	학습자료
10분	생애 진로계획 실천	– 직업의 개념에 대해 설명할 수 있다.	– 활동지1

1. 다음이 설명하는 직업의 개념에 대해 이해하고 직업에 해당하지 않는 것을 골라보자.

사람들은 직업을 통하여 경제적인 안정을 유지하고, 사회 활동에 참여하며, 자아실현을 이루어간다. 그러므로 직업은 개인적, 사회적으로 중요한 의미를 갖는다. 어떤 직업, 어떤 자리에 있건 자신의 일을 사랑하지 않는다면 결코 행복할 수 없다. 사람들이 왜 일을 하는지, 직업이 왜 필요한지 생각해 보자.

직업	개인이 경제적 소득이나 사회적 가치 추구를 위해 세속적으로 수행하는 정신적, 육체적 활동을 의미한다.
직업의 조건	– 일의 대가로 금전적 가치를 보상받는 생계유지 수단(생업) – 급여가 지급되지 않는 봉사 활동이나 사회 활동, 일을 하지 않고 얻는 경제적 이득은 직업으로 인정 불가 – 시간의 지속성과 계속성을 지닌 활동 – 사회적 역할의 분담, 사회적 책무의 성격 – 개성의 발휘 및 자아실현을 목표로 함 – 노동 행위를 수반함

직업에 해당하지 않는 것에 V표시를 해 보자.	
1. 이자, 주식배당, 임대료(전세금, 월세금)등과 같은 재산 수입이 있는 경우	
2. 연금법, 생활보호법, 국민연금법, 고용보험법 등의 사회보장에 의한 수입이 있는 경우	
3. 경마, 복권 등에 의한 배당금이나 주식 투자 등으로 수입이 있는 경우	
4. 예금, 적금 인출, 보험금 수령 또는 토지나 금융자산 매각에 의한 수입이 있는 경우	
5. 자기 집에서 가사 활동을 하는 경우	
6. 정규 교육기관에 재학하며 학습에만 전념하는 경우	
7. 시민 봉사 활동 등에 대한 무급 봉사를 하는 경우	
8. 불법적인 활동의 경우	
9. 의무로 복무 중인 사병, 단기 부사관, 장교와 같은 군인	
10. 짧은 기간 동안 지인이나 친척의 사업장에서 도움을 주고 금전적 보상을 받는 경우	

시간	세부 주제	활동2 토의하기 – 학습목표	학습자료
15분	생애 진로계획 실천	–우리 주변의 직업들의 기대되는 역할에 대해 설명할 수 있다.	–활동지1

1. 우리 주변에서 쉽게 찾을 수 있는 직업에 대해 알아보고 그 직업의 역할에 대해 작성해 보자.

직업	기대되는 역할
1. 경찰관	사회의 안전과 치안 유지. 학교폭력 예방교육.
2.	
3.	
4.	

시간	세부 주제	활동3 협력하기 – 학습목표	학습자료
10분	생애 진로계획 실천	–직업인의 유형에 대해 설명할 수 있다.	

1. 성공한 직업인의 9가지 유형

장벽 극복형: 역경을 딛고 성공한 유형
적성 추구형: 자신의 소신대로 진행하여 성공한 경우
진로 개척형: 새로운 분야를 개척하는 경우
자기 헌신형: 타인을 위해 헌신하는 경우
국가 수호형: 국가를 위해 희생하는 경우
윤리 추구형: 도덕적 가치에 기반하여 일하는 경우
신념 실현형: 자신의 이상이나 신념을 실현하는 경우
다중 직업형: 여러 직업을 멀티로 시행하는 경우
무한 능력형: 일반적인 인간의 능력을 초월한 능력을 보여주는 경우(역사적 위인)

출처: 지학사, 중학교 〈진로와 직업〉 교과서 121

- 자신이 희망하는 직업유형은 무엇이며, 그 이유는 무엇인가?

_____

_____

_____

_____

_____

2. 앞서 언급된 직업인 유형 중 타인이 보는 자신에 대한 직업유형은 무엇이고, 어떤 부분에서 내가 해당되는지를 이야기해 보자.

> 사람들은 종종 자신이 자기 자신을 가장 잘 안다고 여긴다. 하지만 객관적인 평가나 이해에 있어서는 타인이 자기를 바라보는 기준 또한 중요하다. 자기의 동료나 주변인들이 자신에게 강점으로 여기는 부분을 찾아 보자.

▶ 타인이 말하는 나의 강점 1

_____

– 강점인 이유는 무엇인가?

_____

▶ 타인이 말하는 나의 강점 2

_____

– 강점인 이유는 무엇인가?

_____

🔘 미디어 자료

> **활동3 협력하기**
>
> 지학사, 중학교 <진로와 직업> 교과서 121

시간	세부 주제	활동4 문제해결하기 - 학습목표	학습자료
15분	생애 진로계획 실천	-내 생애 직업으로서 희망 직업을 정해 보고, 사회적 역할에 대해서 설명할 수 있다.	-활동지1

1. 생애 직업으로서 나의 희망 직업을 정해 보고, 그 직업의 개인적, 사회적 역할에 대해 설명해 보자.

	희망 직업1 ( )	희망 직업2 ( )
개인적으로 기대되는 역할		
사회적으로 기대되는 역할		

IV. 진로의사결정 및 계획 - 4. 진로계획실천과 평생학습 - 2) 미래 사회와 평생학습

학습단원	대단원	IV. 진로의사결정 및 계획	중단원	4. 진로계획실천과 평생학습	소단원	2) 미래 사회와 평생학습
수업구성	교과서 페이지	225 – 231	활동방법	모둠/토론활동		
	시간(분)	50분	평가방법	모둠별 발표하기		

학습목표	1. 미래를 대비하는 평생학습의 필요성을 설명할 수 있다.
교과연계성	이 활동은 세계화, 다문화, 고령화, 자연재해 등 다양한 변화와 그에 따른 직업세계에 미치는 영향을 알아보고 자신의 진로계획 수립에 도움을 주기 위한 것이다.

진로 역량	대영역	중영역	하위영역	세부내용
	진로관리	진로설계	진로준비	진로를 이루는 데 필요한 실제적인 준비와 노력을 하고 있는 상태

활동목표	1. 사회 변화에 따른 직업세계의 변화를 탐색한다. 2. 다양한 사회 변화가 직업세계에 미치는 영향을 이해할 수 있다.
성취기준	1. 미래 사회에 나타날 사회적 변화와 그 영향을 탐구할 수 있다.
세부 활동내용	[활동지1] 1. 미래 사회의 변화 특징을 토대로 예상되는 미래 직업을 설명해 보자. 2. 미래 유망 직종 중에 자신에게 맞는 직업이 있는지 찾아 보고 그 직업에 대해 깊이 조사하여 발표해보도록 한다.
교사역할	1. 수업 소개 2. 활동 소개 3. 활동 참여 방법 소개 4. 결과물 공유하기 안내 5. 평가 방법 설명하기
학생역할	1. 해당 수업 소개를 잘 듣고 수업 목표 숙지하기 2. 활동 소개를 잘 듣고 활동목표와 성취기준에 대해 이해하기 3. 활동 참여 방법을 잘 이해하고 적극적인 참여 태도를 갖기 4. 결과물을 동료학습자와 공유하는 방법을 이해하고 준비하기 5. 평가 방법을 이해하고 학습목표에 도달하였는지 점검하기

시간	세부 주제	활동1 이해하기 - 학습목표	학습자료
15분	미래 직업 변화	−미래 직업세계의 변화에 대해 친구들과 의견을 나눌 수 있다.	−활동지1

1. 아래에 제시된 미래 직업세계의 변화를 이해하고, 다음 물음에 대해 생각해 본 후 친구들과 의견을 나눠 보자.

직업세계의 변화 알아보기

1) 여성과 노인층의 직장 진출이 활발해질 것이다.
2) 전문적인 지식이나 기술이 없는 삶은 직업을 구하기 힘들어질 것이다.
3) 직업을 가진 사람도 평생학습을 통하여 새로운 지식과 기술을 배워야 할 것이다.
4) 작업 시간이 줄고, 고정 근무 시간도 신축성 있는 시차 근무로 바뀔 것이다.
5) 1주일에 2−3일만 회사에 출근하고, 나머지는 집에서 근무하는 재택근무가 늘어날 것이다.
6) 컴퓨터는 과학 기술뿐만 아니라 학술, 행정, 기업 경영, 의학 등 모든 분야에서 필수적인 작업도구가 될 것이다.
7) 건강에 대한 관심과 투자가 증대되어 의약품 제조 분야가 계속 각광을 받게 될 것이다. 따라서 화학자, 물리학자, 생물학자 등의 고급 인력 수요가 늘어날 것이다.
8) 유전공학이 본격적으로 실용화되어 약품, 농업, 기타 산업 제품의 혁명을 가져올 것이다.
9) 근무 시간 단축과 소득 증대로 오락과 여가 선용에 관련된 여행, 숙박, 외식 산업 등 레저산업이 번창할 것이다.

1. 위 글은 직업 현장의 새로운 변화에 관한 글이다. 위 글에 나타난 변화의 모습에 대하여 의견을 나누어 보자.

2. 다르다면 어떻게 다른가? 그 이유를 구체적으로 써보고 친구들과 의견을 나누어 보자.

3. 앞으로 21세기 직업세계에 밀어닥칠 새로운 물결에 대해 더 조사해 보자.

시간	세부 주제	활동2 토의하기 - 학습목표	학습자료
15분	미래 직업 변화	− 미래 유망 직종에 대해 친구들과 함께 찾아 보고, 자신과 적합할지에 대해 설명할 수 있다.	− 활동지1

1. 자신에게 어울릴 만한 미래의 유망 직종을 찾아 보고 자신에게 맞는 이유를 설명해 보자.

미래 유망 직업	구체적으로 하는 일	나에게 어울릴 것 같은 이유

시간	세부 주제	활동3 협력하기 - 학습목표	학습자료
10분	미래 직업 변화	− 미래 사회 직업의 변화에 대한 정보를 찾아 보고 친구들과 공유할 수 있다.	− 활동지1

1. 미래 사라질 직업과 각광받을 직업을 찾아 보고 친구들과 생각을 공유해 본다.

	미래 사라질 직업과 그 이유	미래 각광받을 직업과 그 이유
1		
2		
3		

시간	세부 주제	활동4 문제해결하기 – 학습목표	학습자료
10분	미래 직업 변화	－생애 주기별 나의 희망 직업과 사회 변화에 대해 설명할 수 있다.	－활동지1

1. 생애 주기별로 나의 희망 직업과 예상되는 사회 변화에 대해 설명해 보자.

주기	희망 직업	예상되는 사회 변화
대학 졸업 후 ~30대		
40~50대		
60대(은퇴) 이후		

저자 약력

류지헌
고려대학교 사범대학 교육학과 학사, 석사
미국 Florida State University 교육공학 박사
현 전남대학교 사범대학 교육학과 교수
현 전남대학교 교육문제연구소장
현 전남대학교 BK21교육연구단장

오종현
전남대학교 인문대학 국문과(문학사)
전남대학교 인문대학 사학과 석사
전남대학교 인문대학 사학과 박사
전남대학교 호남학연구단 연구원
현 호남사학회 정보이사
현 전남대학교 교육문제연구소 박사 후 연구원

윤헌철
공주대학교 사범대학 역사교육과 문학사
미국 Northwestern State University of Louisiana 교육학석사
미국 Northern Illinois University 교육공학 박사
현 전남대학교 교육문제연구소 연구교수

임태형
전남대학교 사범대학 국어교육과 문학사
전남대학교 일반대학원 교육학석사
미국 Florida State University 교육공학 박사
현 전남대학교 교육문제연구소 연구교수

청소년의 진로설계역량을 강화하기 위한 중학생용 진로워크북

초판발행	2021년 11월 18일
중판발행	2023년 1월 30일
지은이	전남대학교 교육문제연구소
펴낸이	노 현
편 집	김다혜
기획/마케팅	이후근
표지디자인	이미연
제 작	고철민 · 조영환
펴낸곳	㈜ 피와이메이트
	서울특별시 금천구 가산디지털2로 53, 한라시그마밸리 210호(가산동)
	등록 2014. 2. 12. 제2018-000080호
전 화	02)733-6771
f a x	02)736-4818
e-mail	pys@pybook.co.kr
homepage	www.pybook.co.kr
ISBN	979-11-6519-182-5 93370

copyright©전남대학교 교육문제연구소, 2021, Printed in Korea

정 가   12,000원

박영스토리는 박영사와 함께하는 브랜드입니다.